XIANDAI NONGYE JINGYING TIXI
YU ZUOHAO "TUTECHAN" WENZHANG

现代农业经营体系
与做好"土特产"文章

刘文勇 著

中国农业科学技术出版社

图书在版编目（CIP）数据

现代农业经营体系与做好"土特产"文章 / 刘文勇著 . -- 北京：中国农业科学技术出版社，2024.11.
ISBN 978-7-5116-7218-6

Ⅰ . F324

中国国家版本馆 CIP 数据核字第 2024Q6U603 号

责任编辑	倪小勋
责任校对	马广洋
责任印制	姜义伟　王思文

出 版 者	中国农业科学技术出版社
	北京市中关村南大街 12 号　邮编：100081
电　　话	（010）62111246（编辑室）（010）82106624（发行部）
	（010）82109709（读者服务部）
网　　址	https://castp.caas.cn
经 销 者	各地新华书店
印 刷 者	北京建宏印刷有限公司
开　　本	170 mm×240 mm　1/16
印　　张	10.75
字　　数	210 千字
版　　次	2024 年 11 月第 1 版　2024 年 11 月第 1 次印刷
定　　价	55.00 元

◀━━━ 版权所有·侵权必究 ━━━▶

现代农业经营体系与做好"土特产"文章

摘要

本书从构建现代农业经营体系的高度,探讨了在新形势下做好"土特产"文章的思路与路径。作者结合国内外农业发展趋势,深入分析了"新土特产"涌现的原因及其与传统土特产的异同。

同时,作者还针对特色农业产业在现代化进程中面临的难题,提出了精准定位、因品制宜的优化升级策略,为特色农业高质量发展指明了方向。

序 言

《现代农业经营体系与做好"土特产"文章》是一本以现代农业经营体系为背景，系统探讨如何推动"土特产"高质量发展的专著。作者刘文勇博士结合国内外农业发展趋势，从理论与实践的结合出发，阐明了"新土特产"兴起的原因、特征及其在现代农业体系中的重要地位，并针对目前特色农业产业在发展过程中遇到的瓶颈与难题提出了科学有效的发展策略和路径。

当前，我国农业现代化正在经历深刻的变革和调整。随着机械化、自动化、生物技术、信息技术等先进科技的广泛应用，农业生产效率得到了显著提升，但也带来了新的挑战，尤其是在特色农业领域，传统的"土特产"发展模式已经难以适应现代农业经营体系的需求。在这样的背景下，本书通过详细分析"土特产"在现代农业经营体系中的定位与作用，探讨了如何将传统的"土特产"与现代农业技术、市场化模式相结合，从而推动乡村振兴和农业高质量发展。

本书开篇就分析了"土特产"在我国农业现代化进程中的重要地位。作为乡村经济发展的重要抓手，"土特产"不仅承载着农业经济增长的希望，更是农村地区文化、生态和社会发展的综合载体。近年来，随着人们对农业产品质量和特色的要求不断提升，"土特产"因其独特的地域性和文化性成为市场的宠儿。作者指出，传统的土特产产业多以分散、小规模生产为主，难以形成规模效应和品牌效应，而"新土特产"则更多地依赖于科技进步和现代化管理模式，通过对传统土特产进行创新改造，在保持产品独特性的同时，实现了品牌化、规模化发展。这种新的发展模式不仅拓展了土特产的市场空间，还提升了其市场竞争力，为农村经济的转型升级提供了新思路。

本书在分析"土特产"发展现状的基础上,提出了优化特色农业产业的多维度策略。作者认为,"土特产"的发展应当以资源禀赋为基础,充分利用区域的自然条件、气候特点及文化背景,打造具有地方特色和品牌效应的优质产品。同时,通过引入先进农业科技,如生物育种、精准农业、智能管理等,实现生产方式的标准化与精细化,从而提升产业的整体质量。此外,作者还强调,土特产产业在发展过程中应特别注重品牌建设,通过文化故事和地域特色的挖掘与传播,提升品牌的文化内涵和市场影响力。一个成功的"土特产"品牌,不仅是地方经济的名片,更是文化传播的重要载体。

书中进一步指出,现代农业体系下的"土特产"产业应当通过全产业链的优化升级,实现多维度的融合发展。传统农业生产模式往往局限于初级产品的生产和销售,难以产生可持续的经济效益。为此,本书提出了多种产业融合的策略,包括延伸土特产产业链条,发展加工、仓储、物流、营销等多环节协同发展模式,通过提升加工水平与产品附加值,将土特产从单一的农产品转变为综合性产业产品。同时,作者认为,要推动土特产产业的现代化发展,必须建立完善的利益联结机制,让农民在土特产产业链中获得更大的参与度和收益,从而提高农民参与农业现代化建设的积极性和主动性。通过打造"龙头企业+合作社+农户"的生产组织模式,可以有效整合资源,形成稳定的产业链条,推动产业健康发展。

本书还分析了当前我国"土特产"在发展过程中面临的诸多问题。尽管近年来土特产产业在政策支持、科技进步和市场需求的驱动下取得了显著发展,但在标准化生产、品牌化建设、市场化推广及利益联结机制方面仍存在不足。很多地区的土特产依然处于分散经营状态,难以形成统一的品牌效应。同时,由于市场监管和质量标准体系的缺失,部分土特产产品的质量良莠不齐,影响了消费者对"土特产"整体的信任度。此外,利益联结机制的不健全使得农民在产业链中的利益分配不均,影响了产业发展的可持续性。

为了应对这些问题，作者提出了一系列解决方案。在标准化生产方面，可以通过建立土特产标准化生产基地，制定严格的生产与加工标准，引入科技手段进行精准管理，确保产品质量的稳定性与一致性。在品牌化建设方面，应加强地方公用品牌的培育与推广，树立品牌的核心价值，并通过多渠道、多维度的市场推广提升品牌影响力与知名度。在利益联结机制方面，可以通过订单农业、股份合作等多种形式，让农民以土地入股、劳动力投入等方式参与到产业链的利益分配中，从而提高农民收益，增强产业的稳定性与持续性。

总的来说，《现代农业经营体系与做好"土特产"文章》系统性地阐述了"土特产"在农业现代化发展中的定位、作用及其发展路径，具有较高的理论价值与实践意义。书中通过理论研究与实际案例的结合，为推动我国特色农业产业的优化升级提供了具体可行的路径。对于农业经济研究者、政策制定者及农业从业者而言，本书不仅是一部具有前瞻性与实用性的指导性读物，更是一部能够引发深入思考的学术专著。作者从现代农业体系的角度出发，重新审视了"土特产"在农业经济发展中的价值，并通过提出一系列创新性的解决方案，为我国农业农村现代化及乡村振兴战略的实施提供了宝贵的学术资源和实践指导。

目 录

第一章 概 述 ··· 1
   第一节 相关政策 ·· 1
   第二节 土特产的定义 ·· 11
   第三节 研究背景与意义 ·· 15
   第四节 实践中的几个思考：土特产有多"土"，如何"特"，
              多大"产" ·· 24

第二章 现代农业经营体系的构建 ··· 52
   第一节 现代农业经营体系的内涵与土特产 ································· 52
   第二节 现代农业经营体系对土特产的重要性 ······························ 55
   第三节 现代农业经营体系的主要组成部分与土特产的联系 ········· 58

第三章 土特产发展过程中的主体分析 ··· 62
   第一节 政 府 ·· 62
   第二节 企 业 ·· 77
   第三节 农 民 ·· 92

第四章 "新土特产"的特点与发展趋势 ·· 106
   第一节 "新土特产"的定义与内涵 ·· 106
   第二节 "新土特产"的主要特点 ·· 113
   第三节 "新土特产"的发展趋势 ·· 122

第五章 做好"土特产"文章的路径探讨 ··· 134
   第一节 产业规模的科学规划 ·· 134

第二节　全产业链的多维度升级……………………………… 137
　　第三节　健全利益联结机制………………………………… 140
　　第四节　补齐冷链物流短板………………………………… 143

第六章　"土特产"与"统一大市场"的内在协同关系…………… 146
　　第一节　政策框架分析……………………………………… 146
　　第二节　构建全国统一大市场探讨………………………… 149

第七章　做好"土""特""产"的案例分析…………………………… 153
　　第一节　"土"的案例：聚力小米产业发展　打造敖汉土特产品牌 …… 153
　　第二节　"特"的案例："川菜之魂"郫县豆瓣的品牌之路 ……… 156
　　第三节　"产"的案例：做好酸枣"土特产"文章………………… 158

第一章 概 述

第一节 相关政策

中国共产党第二十届中央委员会第三次全体会议公报（节选）

（2024年7月18日中国共产党第二十届中央委员会第三次全体会议通过）

全会提出，城乡融合发展是中国式现代化的必然要求。必须统筹新型工业化、新型城镇化和乡村全面振兴，全面提高城乡规划、建设、治理融合水平，促进城乡要素平等交换、双向流动，缩小城乡差别，促进城乡共同繁荣发展。要健全推进新型城镇化体制机制，巩固和完善农村基本经营制度，**完善强农惠农富农支持制度**，深化土地制度改革。

根据中共二十届三中全会公报的内容，当前我国土特产产业发展正面临着前所未有的机遇与挑战。公报明确提出要推动城乡融合发展，统筹新型工业化、新型城镇化和乡村全面振兴，促进城乡要素平等交换和双向流动。这一战略布局将从多方面为我国土特产产业的发展注入新的动力、提供新的机遇，并通过体制机制的健全和政策创新，进一步促进土特产产业的高质量发展。

首先，城乡融合发展将为土特产产业注入强劲的新动力。公报提出统筹新型工业化、新型城镇化和乡村全面振兴，意味着未来将更加注重城乡要素的平等交换和双向流动。城市的资金、技术、人才等要素将更多地涌入农村地区，为土特产产业的优化升级提供坚实的支持。同时，随着农村交通和物流基础设施的逐步完善，土特产产品将更加便捷地进入城市市场，拓宽了销售渠道，并进一步提升了产业的整体竞争力。城乡融合发展不仅能够打通产业链条，还能够促进农村一二三产业的深度融合，形成从生产到销售、从消费到旅游的完整产业链，最大限度地发挥土特产的经济效益与社会效益。

其次，健全体制机制和完善支持政策将为土特产产业的发展保驾护航。公报中提出的健全推进新型城镇化体制机制，完善强农惠农富农支持制度等内容，表明国家在未来将继续加大对农业农村领域的政策扶持力度。可以预见，未来一系列支持农业农村发展的政策措施将陆续出台，为土特产产业营造更加有利的制度环境。例如，政府将通过完善财政补贴和产业引导资金，鼓励社会资本参与土特产的生产、加工和销售等环节，并通过创新的金融支持机制，引导金融机构为土特产相关企业提供更多信贷支持和融资便利。此外，国家还将进一步优化农业补贴制度和农业保险政策，降低土特产生产者和经营者的经营风险，增强其参与土特产生产和市场竞争的信心。农业农村现代化离不开体制机制的创新和政策的支持，这些举措将有效激发土特产产业发展的内生动力，为产业发展注入更多信心和底气。

与此同时，深化改革将进一步激发土特产产业发展的活力。公报提出要深化土地制度改革，这一改革举措将为土特产产业发展提供强有力的用地保障。土地制度改革有助于盘活农村土地资源，促进适度规模经营，提高土地利用率，从而为土特产生产提供更多优质的土地资源。随着土地流转机制的进一步完善，土特产产业将能够获得更加稳定的生产基地，并通过建立规模化种植和养殖基地，实现标准化、集约化和高效化的生产模式。此外，土地制度改革还将推动新型农业经营主体的发展，如家庭农场、农民合作社等，它们在土特产产业链中扮演着重要角色。通过土地资源的合理配置与高效利用，土特产产业将能够在更大范围内实现规模化生产和标准化管理，为未来发展提供更加广阔的空间。

城乡共同繁荣发展将进一步拓展土特产产业的市场空间。城乡居民收入水平的提升和消费结构的不断升级，将带动城乡居民对优质农产品和特色产品的需求不断扩大。特别是城市消费者对绿色、有机、生态产品的偏好日益增强，这为土特产产业带来了巨大的市场机遇。土特产以其独特的地域特色和文化内涵，契合了人们对高品质、绿色健康食品的追求。因此，随着城乡共同繁荣目标的实现，土特产产品的市场前景将更加广阔，不仅能够满足国内市场的消费升级需求，还能够通过品牌化运作和市场推广进入更高端的市场。同时，随着农村地区基础设施和公共服务水平的提升，农村居民对土特产的消费能力也将进一步增强，农村市场的消费潜力将被进一步释放，推动土特产产业在城乡市场中形成双向流通和双重增长的格局。

总而言之，中共二十届三中全会公报对于统筹城乡发展、推进乡村全面振兴作出了战略性的部署，相关政策的实施将从体制机制、政策支持、改革创新和市场拓展等多方面为土特产产业的发展赋能。这些政策措施将有力推动土特产产业在农业现代化体系中发挥更加重要的作用，助力产业实现更高水平的可持续发展。从城乡融合为土特产产业带来的资源、资金和人才优势，到土地制度改革为产业发展提供的生产要素保障，再到完善的政策支持体系所创造的良好发展环境，土特产产业的整体竞争力和市场潜力都将得到极大提升。在未来的发展中，土特产产业不仅将成为带动乡村经济发展的新引擎，也将成为促进城乡融合、推动城乡共同繁荣的重要力量。随着政策红利的不断释放和改革创新的深入推进，土特产产业发展前景可期，必将迎来新的发展春天。

中共中央关于进一步全面深化改革　推进中国式现代化的决定（节选）

（2024年7月18日中国共产党第二十届中央委员会第三次全体会议通过）

（22）**完善强农惠农富农支持制度**。坚持农业农村优先发展，完善乡村振兴投入机制。**壮大县域富民产业**，构建多元化食物供给体系，**培育乡村新产业新业态**。优化农业补贴政策体系，发展多层次农业保险。完善覆盖农村人口的常态化防止返贫致贫机制，建立农村低收入人口和欠发达地区分层分类帮扶制度。健全脱贫攻坚国家投入形成资产的长效管理机制。运用"千万工程"经验，健全推动乡村全面振兴长效机制。

习近平：关于《中共中央关于进一步全面深化改革、推进中国式现代化的决定》的说明（节选）

决定稿对完善城乡融合发展体制机制作出部署。提出健全推进新型城镇化体制机制；巩固和完善农村基本经营制度；**完善强农惠农富农支持制度**；深化土地制度改革。

根据《中共中央关于进一步全面深化改革、推进中国式现代化的决定》，笔者认为这些政策将会从以下几个方面促进我国土特产产业的发展。

一是优先发展农业农村，为土特产产业发展奠定基础。《中共中央关于进一步全面深化改革、推进中国式现代化的决定》（以下简称《决定》）明确提出坚持农业农村优先发展，完善乡村振兴投入机制。这意味着国家将加大对"三农"领域的投入力度，改善农业农村基础设施和公共服务，为土特产产业发展创造更好条件。农业农村现代化水平的提升，将夯实产业发展根基。

二是壮大县域富民产业，带动土特产产业升级。《决定》提出要壮大县域富民产业，培育乡村新产业新业态。土特产往往是县域经济的重要组成部分，政策支持必将惠及土特产产业。通过发展农产品精深加工、休闲农业、乡村旅游等新业态，土特产产业将实现转型升级，提高附加值和竞争力。

三是优化农业补贴和保险制度，增强产业发展信心。《决定》提出要优化农业补贴政策体系，发展多层次农业保险。这将减轻农户生产经营负担，提高抵御市场和自然风险的能力，增强从事土特产生产的信心。农业补贴和保险制度的完善，将为产业发展保驾护航，促进产业做大做强。

四是健全防止返贫致贫机制，巩固拓展脱贫攻坚成果。《决定》强调要完善覆盖农村人口的常态化防止返贫致贫机制，建立农村低收入人口和欠发达地区分层分类帮扶制度。这将巩固拓展脱贫攻坚成果，防止农民返贫致贫。土特产产业是许多欠发达地区的支柱产业，帮扶政策必将惠及产业从业者，让他们更有信心把产业做强做大。

五是运用"千万工程"经验，健全乡村振兴长效机制。"千万工程"在助力脱贫攻坚中发挥了重要作用。《决定》提出要运用"千万工程"经验，健全推动乡村全面振兴长效机制。相关举措将持续为土特产产业发展注入动力，完善利益联结机制，构建产业发展长效机制，推动产业高质量发展。

总之，《中共中央关于进一步全面深化改革、推进中国式现代化的决定》，围绕农业农村优先发展作出一系列重大部署，将从基础条件改善、产业培育壮大、利益保障机制完善等方面为土特产产业发展赋能增势，推动产业转型升级，实现高质量发展。站在新的历史起点，土特产产业发展前景广阔，大有可为。

习近平总书记在2022年12月的中央农村工作会议上强调：

产业振兴是乡村振兴的重中之重，要落实产业帮扶政策，做好

第一章 概 述

"土特产"文章，依托农业农村特色资源，向开发农业多种功能、挖掘乡村多元价值要效益，向一二三产业融合发展要效益，强龙头、补链条、兴业态、树品牌，推动乡村产业全链条升级，增强市场竞争力和可持续发展能力。

根据习近平总书记在2022年中央农村工作会议上的重要讲话精神，土特产产业在新时代农业农村发展中的重要性得到了进一步凸显。这一讲话明确指出了乡村振兴战略实施过程中土特产产业发展的方向和路径，强调通过全产业链条升级、区域品牌打造、产业集群化发展、农业多功能拓展及一二三产业深度融合等措施，提升产业整体竞争力和市场影响力。这些政策的提出，将有效促进土特产产业从传统农业向现代农业的转型升级，为实现农业农村的高质量发展提供坚实支撑。

首先，推动土特产产业全链条升级是提升产业竞争力的关键所在。习近平总书记在讲话中强调，要全面推进乡村振兴，加快建设农业强国，实现乡村的全面提升。土特产作为农村经济的重要组成部分，其产业链条的完整性和协调性对于提升产业竞争力至关重要。要推动土特产产业在生产、加工、流通、营销等环节实现全面提升，必须打造具有区域影响力的品牌效应。通过充分借助区域资源优势，推进区域品牌建设，可以实现土特产产品从"产地知名"向"品牌知名"的转变。区域品牌不仅能够提高产品的市场影响力，还能带动整个地区的经济发展，形成产业集聚效应。同时，通过引入先进的加工技术和工艺，将农产品的初级加工向精深加工方向转型升级，可以有效提高产品附加值。例如，通过开发健康食品、功能性食品等满足现代消费者多样化需求的产品，可以为土特产产业注入新的活力。

其次，土特产产业要实现高质量发展，还需要以产业集群化发展为基础。产业集群化不仅能够充分发挥区域资源禀赋优势，还可以通过产业链上下游的整合与协同发展，形成具有地方特色和竞争优势的产业体系。在产业集群化发展中，地方政府和龙头企业应共同发力，通过引进新技术、新工艺及龙头企业带动，加强产业链上下游的整合，从而提高土特产的产业集聚效应和综合效益。例如，各地可以根据自身资源优势和市场需求，推动农产品生产、加工、包装、运输、销售各个环节的全面整合，打造覆盖全产业链的土特产产业集群。这样不仅可以提高产业的整体效益，还能增强抗风险能力，为土特产产业的持续发展提供强有力的保障。

最后，土特产产业的发展需要充分发挥特色资源优势，进一步拓展农业的多种功能。要依托农业农村特色资源，挖掘乡村多元价值，实现效益最大化。土特产产业的发展不应局限于传统的农产品生产和销售，而应通过发掘农业的生态、文化、休闲等多重功能，拓展农业的增值空间。具体来说，各地应利用本地独特的自然资源、历史文化及民俗风情，大力发展休闲农业和乡村旅游。通过开发农业观光、民宿经济、农业嘉年华等新型业态，可以将土特产的生产与乡村旅游结合起来，实现产品和体验的双重价值。此外，土特产产业在发展过程中还应坚持绿色发展理念，通过推广生态农业，推动农业与环境保护的良性互动，实现农业生态的可持续发展。这不仅能够保护生态环境，还可以提升土特产的产品质量和市场认可度，从而增强产品的竞争力。

在土特产产业的转型升级过程中，推进一二三产业融合发展是激发产业新动能的重要路径。农业产业链的延伸、价值链的提升和供应链的打造，是促进乡村产业转型升级的关键。土特产产业要与其他产业深度融合，可以通过多种方式实现产业链条的延伸和价值链层次的提升。农业与文旅产业的融合是推动土特产产业发展的重要途径。通过将文化创意与土特产产业结合起来，可以开发具有地方文化特色的文创食品、地方手工艺品等，从而将地方文化价值融入产业发展之中。例如，贵州的"抹茶文化产业园"不仅展示了当地独特的茶文化，还通过茶叶加工和文化推广，形成了茶文化与土特产深度融合的产业链条。此外，数字化赋能也是提升土特产产业市场竞争力的重要手段。通过电商平台、社交媒体和直播带货等新型销售模式，土特产产业可以有效拓展线上市场，提高产品的市场影响力和销售额。电商平台和数字化技术的发展，不仅能够帮助土特产产品打破时间和空间的限制，还可以通过大数据分析消费者需求，精准定位市场，从而提升产品销量和品牌影响力。

与此同时，发展现代农业园区也是推动土特产产业与其他产业深度融合的重要举措。现代农业园区通过集生产、加工、销售、体验于一体，能够实现一二三产业在同一区域的高度融合，形成完整的农业产业链条。农业园区的发展不仅能够提高农业生产效率和产品质量，还可以通过现代化设施的引入和管理模式的优化，实现土特产产业的集约化、标准化和智能化生产，从而提高产品附加值和市场竞争力。

在推动土特产产业发展的过程中，龙头企业的带动作用尤为重要。龙头企业是乡村产业发展的"火车头",要充分发挥龙头企业的带动作用,引领小农户融入现代农业体系。龙头企业作为产业链条中的核心力量,能够有效整合资源,带动农户实现规模化生产和市场化经营。通过与龙头企业的合作,农户可以获得技术支持、市场信息和销售渠道,从而降低生产风险,提高收益水平。例如,通过合同农业模式,龙头企业可以与农户签订长期供销合同,确保农产品的稳定销售,并通过技术指导和培训,提高农户的生产水平和产品质量。与此同时,政府应当通过扶持政策,培育龙头企业和新型农业经营主体,推动其在当地建立原料生产基地,带动农户共同致富。

此外,完善利益联结机制是实现土特产产业可持续发展的基础保障。通过利益联结机制的创新,可以实现龙头企业、合作社和农户之间的利益共享和风险共担。具体来说,可以探索订单农业、股份合作等多种形式的利益联结模式,让农民通过土地入股、劳动力投入等方式参与到产业链的利益分配中。这不仅能够保障农民的收益,还能增强产业的稳定性和持续性。利益联结机制的建立,将有效提高农民参与土特产生产和经营的积极性,从而推动土特产产业的健康发展。

综上所述,习近平总书记关于做好"土特产"文章的重要讲话,为土特产产业发展指明了方向。各地在发展土特产产业时,应当立足特色资源,推动产业全链条升级,拓展农业的多种功能,促进多产业融合,强化龙头企业带动,完善利益联结机制,不断开创土特产产业发展的新局面。土特产产业的持续发展,不仅能够带动地方经济的繁荣,还能为乡村振兴战略的全面实施提供有力支撑。通过多方协同发力,土特产产业必将在推动乡村振兴和农业现代化发展中发挥更加重要的作用。

2024年中央一号文件《中共中央 国务院关于学习运用"千村示范、万村整治"工程经验有力有效推进乡村全面振兴的意见》

全文共六个部分,包括:确保国家粮食安全、确保不发生规模性返贫、**提升乡村产业发展水平**、提升乡村建设水平、提升乡村治理水平、加强党对"三农"工作的全面领导。

三、提升乡村产业发展水平

(十一)**促进农村一二三产业融合发展**。坚持产业兴农、质量兴农、绿色兴农,加快构建粮经饲统筹、农林牧渔并举、产加销贯通、农文旅融合的现代乡村产业体系,把农业建成现代化大产业。鼓励各地**因地制宜**大力发展**特色产业**，支持打造乡土**特色品牌**。实施乡村文旅深度融合工程，推进乡村旅游集聚区（村）建设，培育生态旅游、森林康养、休闲露营等新业态，推进乡村民宿规范发展、提升品质。优化实施农村产业融合发展项目，培育农业产业化联合体。

（十二）**推动农产品加工业优化升级**。推进农产品生产和初加工、精深加工协同发展，促进**就近就地转化增值**。推进农产品加工设施改造提升，支持**区域性**预冷烘干、储藏保鲜、鲜切包装等初加工设施建设，发展智能化、清洁化精深加工。支持东北地区发展大豆等农产品全产业链加工，打造食品和饲料产业集群。支持粮食和重要农产品主产区建设加工产业园。

（十三）**推动农村流通高质量发展**。深入推进县域商业体系建设，健全县乡村物流配送体系，促进农村客货邮融合发展，大力发展共同配送。推进农产品批发市场转型升级。优化农产品冷链物流体系建设，加快建设骨干冷链物流基地，布局建设县域产地公共冷链物流设施。实施农村电商高质量发展工程，推进县域电商直播基地建设，**发展乡村土特产**网络销售。加强农村流通领域市场监管，持续整治农村假冒伪劣产品。

（十四）**强化农民增收举措**。实施农民增收促进行动，持续壮大乡村富民产业，支持农户发展**特色种养**、**手工作坊**、**林下经济**等家庭经营项目。强化产业发展联农带农，健全新型农业经营主体和涉农企业扶持政策与带动农户增收挂钩机制。促进农村劳动力多渠道就业，健全跨区域信息共享和有组织劳务输出机制，培育壮大劳务品牌。开展农民工服务保障专项行动，加强农民工就业动态监测。加强拖欠农民工工资源头预防和风险预警，完善根治欠薪长效机制。加强农民工职业技能培训，推广订单、定向、定岗培训模式。做好大龄农民工就业扶持。在重点工程项目和农业农村基础设施建设领域积极推广以工代赈，继续扩大劳务报酬规模。鼓励以出租、合作开发、入股经营等方式盘活利用农村资源资产，增加农民财产性收入。

根据2024年中央一号文件关于提升乡村产业发展水平的政策部署，土特产产业作为推动乡村振兴的重要抓手，迎来了全方位发展的历史机遇。文件明确提出，要从政策引导、体制机制创新、产业融合等多方面入手，构建现代乡村产业体系，为土特产产业的升级和优化提供有力支撑。总体来看，中央一号文件围绕乡村振兴的总体目标，聚焦产业兴旺、农民增收、农村现代化，通过一系列具体政策举措，为土特产产业的可持续发展奠定了坚实基础，并进一步拓展了产业的成长空间和市场潜力。

构建现代乡村产业体系是推动土特产产业转型升级的首要任务。2024年中央一号文件明确提出，要加快构建"粮经饲统筹、农林牧渔并举、产加销贯通、农文旅融合"的现代乡村产业体系，将农业从传统的生产模式向现代化、集约化、可持续发展的新型农业产业体系转变。这一要求不仅为土特产产业的发展提供了明确的方向，也意味着土特产产业需要与传统农业产业区分开来，通过科技创新、产业融合和管理升级实现产业的现代化。文件特别强调，在推进现代农业产业体系建设过程中，要注重提升产业质量和效益，强调科技创新和现代化管理模式的重要性，这为土特产产业的科技应用和产业化发展指明了方向。通过构建现代乡村产业体系，可以有效提升土特产在整个农业产业链中的竞争力，为产业的持续发展插上腾飞的翅膀。

要推动土特产产业的可持续发展，还需因地制宜地发展特色产业，充分发挥地方资源禀赋，打造乡土特色品牌。文件指出，发展乡村产业应当结合各地实际情况，因地制宜地推进产业规划和布局，支持地方政府在政策、资金和技术等方面对土特产产业给予更多的扶持。各地应深入挖掘区域特色，发展特色农产品及加工品，并依托地方资源打造具有竞争力的本地品牌。品牌化是土特产发展的重要方向，通过品牌建设可以显著提升产品的市场竞争力和附加值，从而实现土特产的做大做强。以东北地区为例，该地区可以依托其特有的大豆资源，构建大豆全产业链加工体系，形成涵盖种植、生产、加工、销售等多个环节的食品和饲料产业集群。通过产业链的纵向延伸和横向拓展，可以有效提升土特产的产业综合效益和市场地位。

文件还特别强调，农文旅深度融合是土特产产业拓展新蓝海、实现多维度发展的重要路径。实施乡村文旅深度融合工程，可以将土特产与文化旅游资源有机结合起来，提升土特产的文化价值和市场吸引力。具体而言，各地可以通过举办乡村美食节、民俗文化活动等方式，将土特产与地方文化有机融合，吸引游客前来体验和消费，从而拓宽土特产的销售渠道。与此同时，地方政府可以在土特产发展过程中引入更多的文化元素，挖掘土特产背后的文化故事和历史传承，使土特产不仅成为消费者购买的商品，更成为他们感受地方文化、了解乡村风貌的载体。通过将农产品与文化、旅游深度融合，土特产产业可以在满足消费者多样化需求的同时，实现经济效益与文化效益的双赢。

优化农产品加工业，延伸土特产产业链条是推动土特产价值提升的重要举措。文件指出，土特产产业的发展应当在生产、加工、销售等环节进行全方位的优化升级，促进农产品就近就地转化增值。这意味着，土特产产业应在初级农产品生产的基础上，积极发展精深加工技术，提升产品的附加值。例如，可以通过发展智能化、清洁化的加工技术，将农产品如水果、蔬菜等转化为方便储存和运输的加工品，从而提高产品的市场价值，满足不同消费者的多样化需求。通过在原材料基础上进行深度开发，土特产产业可以有效延伸产业链条，形成完整的生产加工体系，为产品走向更大市场提供技术支撑和产业保障。

同时，农村流通体系的优化升级是打通土特产产业"最后一公里"的关键所在。文件指出，要进一步优化农村流通体系，推动县乡村物流配送体系的建设，并大力发展乡村土特产网络销售。长期以来，农村物流不畅和市场渠道受限一直是制约土特产产业发展的重要因素之一。随着交通基础设施的不断完善和物流配送体系的逐步健全，土特产产业将能够更加高效地对接市场需求，解决"最后一公里"的瓶颈问题。通过完善冷链物流和网络销售体系，可以显著提升土特产在不同市场环境下的适应性，使其能够快速、安全地进入全国各地的消费者手中，实现"产得多，卖得远"的目标。同时，借助电商平台和现代物流网络，可以突破土特产传统销售模式的局限，实现线上线下的融合发展，提升土特产的市场覆盖率和销售额。

文件还特别提出，要多措并举增加农民收入，让土特产产业的发展成果惠及广大农民。通过强化农民增收举措，可以促使农民更好地融入土特产产业链，享受产业发展带来的增值收益。土特产产业作为乡村经济的重要支柱，能够为农民提供丰富的就业岗位和收入来源。通过鼓励农户发展特色种养、手工作坊、林下经济等家庭经营项目，农民可以更加灵活地参与到土特产的生产和经营中，形成"农业＋副业"的多渠道增收模式，从而实现收入的多元化和稳定性。此外，健全利益联结机制是确保土特产产业健康发展的重要保障。通过创新利益联结机制，可以使农民成为土特产产业链条中的重要一环，分享产业发展的红利。例如，通过股份合作、订单农业等形式，让农民以土地、劳动力入股参与产业链条的分红，实现农民与产业链上其他主体的利益共享与风险共担，从而提升产业的稳定性和可持续性。

总体来看，2024年中央一号文件为土特产产业的发展提供了全面的政策支持，从产业链延伸到流通渠道优化，再到品牌化和市场拓展，形成了一个覆盖全产业链的政策体系。通过构建现代乡村产业体系、推动特色产业做大做强、促进农文旅深度融合、优化农产品加工业、完善农村流通体系和增加农民收入等多方面的政策措施，为土特产产业的现代化、规模化和可持续发展铺平了道路。各地应当抓住政策机遇，根据各地的资源禀赋和市场需求，因地制宜地推动本地土特产产业的科学发展。同时，要充分利用国家政策带来的资金、技术和市场支持，推进土特产产业链的全面升级和优化，逐步实现土特产从传统农业产品向现代化产业产品的转型升级，助力乡村振兴和农民共同富裕的目标达成。随着各项政策的落实和推进，土特产产业必将在农业农村现代化的进程中发挥更为重要的作用，为我国农业现代化和乡村振兴战略的全面实施提供强有力的产业支撑。各地应立足特色资源，科学规划、精准发力，推动土特产产业实现高质量发展，为乡村振兴战略的全面推进贡献更多力量。

第二节　土特产的定义

土特产是指来源于特定区域、已有一定知名度的农特产品或加工品，主要包括特色种植、特色养殖、特色食品、特色手工等产品。这类产品通常依托当地独特的自然资源和文化背景发展而来，并通过长期的生产经营逐步形成了具有较高辨识度和影响力的品牌。土特产不仅是乡村经济的重要组成部分，更是在推动区域经济发展和实现农民增收方面发挥着重要作用。各地在发展乡村产业的实践中已经充分证明，土特产可以做成"大文章"。截至2021年底，全国杂粮杂豆、果蔬茶菌等特色种植基地面积已达12.05亿亩（1亩≈667米^2，全书同），年度生产特色农产品产量达到13.85亿吨，养殖特色牲畜669.52万头，2021年第一产业增加值为8.32万亿元，为农民就业增收开辟了广阔空间。这些数据表明，土特产已成为中国农业农村发展的一张亮丽名片，是实施乡村振兴战略的重要抓手。

从内涵上看，土特产具有鲜明的地域特征，往往与当地独特的自然环境、历史文化和民俗风情紧密相连，凝聚了产地的生态禀赋与文化精华。

例如，新疆的哈密瓜以其独特的生长环境和充足的日照条件而享誉全国；福建的安溪铁观音则因为特有的种植环境与传统制茶工艺而成为中国茶叶市场的重要品种；四川的都江堰粮油也是凭借其悠久的种植历史和优质的水源条件成为优质粮油的代表。这些土特产因其特有的自然禀赋和深厚的文化底蕴而在市场上形成了差异化的竞争优势，成为当地经济发展的重要支柱。

从外延上看，土特产的概念已不再局限于传统的农产品，而是涵盖了农业全产业链，并向农产品加工、休闲农业、乡村旅游等领域不断延伸。以云南为例，该省依托优质咖啡原料，建立了亚洲最大的咖啡交易中心，形成了"咖啡+"全产业链发展模式；同时，围绕鲜切花产业，云南还发展了观光农业，打造了"国际花都"品牌。这些实践表明，土特产产业的发展不仅限于单一的农产品生产，而是通过延伸产业链、拓展产业外延和融合新兴业态，催生了多个新型产业发展模式，成为带动地方经济增长的新引擎。

土特产蕴藏着巨大的发展潜力，是我国农业农村经济发展中重要的增长极。从供给侧看，土特产契合了当前消费升级的趋势。随着生活水平的不断提高，消费者对于农产品的品质、营养和安全性越加重视，绿色有机食品和富有地域特色的产品逐渐成为消费市场的新宠。土特产以其独特的品质和深厚的文化内涵，契合了这一消费需求，在农产品市场中占据着重要地位，市场前景广阔。从需求侧看，土特产不仅撬动了乡村消费潜力，还通过就地就近就业的方式有效提升了农村居民的收入水平，增强了乡村地区的消费能力。发展土特产产业，可以通过吸引城市消费者下乡旅游消费，带动当地经济发展，提升农村消费水平，为乡村经济注入新活力。

土特产产业的发展不仅能够带动农业经济，还能够促进一二三产业的融合发展。土特产产业链的向前延伸，可以发展观光农业、休闲农业和乡村旅游等新型业态；向后延伸，则可以发展农产品精深加工、仓储物流等产业，形成以土特产为核心的特色产业集群。一二三产业的深度融合，将农业产业链与价值链进一步拉长，并通过产业的多维度融合，使农业真正成为现代产业体系中的重要组成部分，从而将传统农业转变为现代农业，推动农村经济的整体发展。

要推动土特产的高质量发展，需要从特色、品牌、融合和机制等多个方面入手，采取多措并举的方式来提升产业的整体竞争力和市场价值。特色是土特产的灵魂，它决定了土特产在市场中的定位和竞争优势。土特产的发展应立足于区域的自然资源、气候条件和文化背景，形成差异化的竞争优势，并通过挖掘产品的文化内涵和历史故事，赋予产品更深厚的文化价值和情感认同感，从而增强产品的市场吸引力和品牌影响力。

要实现土特产产业的标准化与规模化发展，需要建立完善的标准化生产体系和管理模式。可以通过设立土特产标准化生产基地，制定严格的生产和加工标准，确保产品质量的稳定性和一致性。引入精准农业管理技术，如智能灌溉、无人机植保等现代科技手段，可以进一步提升土特产的生产效率和产品质量。同时，在扩大生产规模的同时，要注重保护产品的独特性，防止因规模扩张而导致产品品质下降，从而影响品牌声誉。

品牌是土特产进入市场的"名片"。通过品牌培育和品牌管理，可以有效提升土特产的市场知名度和消费者认可度。在品牌设计、市场推广和品牌管理过程中，可以引入企业、政府和农户的联动机制，形成"品牌＋企业＋农户"的发展模式，充分调动各方资源来推广地方公用品牌，提升品牌的市场价值。品牌管理不仅要注重品牌的设计和推广，还要注重品牌的保护。可以通过地理标志保护制度、商标注册等法律手段来维护品牌的法律权利，防止市场上假冒伪劣产品的出现，保护品牌声誉和市场利益。

品牌的引领作用还可以带动土特产产业的整体升级和发展。例如，陕西"周至猕猴桃"品牌的打造，不仅提升了猕猴桃产品的市场竞争力，还带动了当地猕猴桃种植、加工、包装、销售等上下游产业的发展，形成了全产业链的良性循环，促进了区域经济的整体提升。

推动土特产产业链的延伸和价值链的提升，是实现土特产产业高质量发展的重要路径。通过发展农产品加工业、食品制造业，可以有效提升产品的附加值。例如，水果可以加工成水果干、果酱等制品，蔬菜可以加工成脱水蔬菜，从而提升产品的市场竞争力和价值。同时，通过发展现代物流体系和冷链运输，可以有效降低土特产的流通成本，提升流通效率，使产品能够快速进入市场，缩短产销对接的距离。

线上线下融合也是推动土特产产业发展的重要方向。借助电子商务平台和直播带货模式，可以有效拓展土特产的销售渠道，实现产品销售从线下到线上的转变，提升产品的市场覆盖率。通过在农村地区设立电商直播基地，开展农产品的网络直销，可以有效解决土特产销售中的"最后一公里"难题。

土特产产业的发展需要完善的利益联结机制和政策保障。通过创新农民参与产业发展的利益联结机制，可以使农民以土地、劳动力等形式参与土特产生产和经营的各个环节中,分享产业增值收益,从而调动农民参与土特产产业发展的积极性。政府应加大对土特产产业的政策扶持力度,在金融、科技和人才等方面提供全方位支持,并通过设立专项基金和产业基金,为土特产产业提供长期稳定的资金保障。同时,要健全土特产的质量标准体系,严格监管生产、加工、销售等各个环节,保障产品质量的一致性和安全性,维护土特产市场的健康发展。

综上所述,我国土特产产业的高质量发展离不开政府、企业和农民的共同努力。通过多方联动、多措并举,可以将我国丰富的农业资源优势转化为产业优势,打造具有竞争力的土特产品牌,实现土特产产业的可持续发展和长期增长。这不仅能够为乡村振兴和农业现代化提供强有力的产业支撑,还能够为我国农业经济的发展开辟新的增长点,为实现乡村全面振兴和农民共同富裕作出更大贡献。

在本书的后半部分,将围绕上述每一个要点进行更为深入的探讨和细致的分析。具体来说,将详细剖析如何立足资源禀赋打造土特产的独特性、通过品牌培育提升产品的市场竞争力、推动多产业融合实现可持续发展,以及通过健全利益联结机制保障农民在产业链中的权益。每一个章节都将结合实际案例和最新政策实践,为读者呈现土特产产业高质量发展的全景图,并提供切实可行的策略和路径,以期为土特产产业从区域性特色经济向现代化大产业转型提供全面指导和有力支持。这些内容将帮助读者进一步理解和运用文中所述的每项策略,从而更好地推动土特产产业的高质量发展,助力乡村振兴与农业现代化的建设。

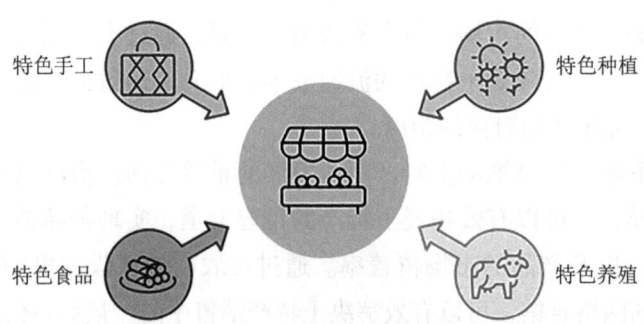

促进土特产发展的因素

第三节 研究背景与意义

一、引　言

在全球化和现代化的进程中，农业作为国民经济的基础产业，面临着从传统农业向现代农业转型升级的重大机遇与挑战。全球农业产业链正在经历深刻变革，科技进步、市场需求的多样化以及消费理念的不断转变，推动着农业的供给侧结构性改革。传统的农业生产方式无法适应日益复杂的市场环境，迫切需要通过转变发展模式来提升产业竞争力。在这一背景下，特色农业尤其是"土特产"的发展，被认为是提升农业附加值、实现农村经济振兴的重要途径。土特产作为地方特色农业资源的集中体现，具有独特的地域文化价值和经济价值，如何有效发挥其资源优势，构建现代农业体系成为学术界和政策制定者共同关注的焦点。

近年来，土特产产业逐渐从地方性、分散性的小规模生产模式向区域化、规模化、品牌化方向发展。在政策层面，中央和地方政府出台了一系列鼓励发展特色产业的政策措施，如中央一号文件明确提出要加快构建"产加销贯通、农文旅融合"的现代乡村产业体系，支持因地制宜发展特色农业和土特产产业。这些政策为土特产产业的创新发展提供了政策保障和发展空间。同时，农业科技的迅速发展，如智能农业、数字农业、精准农业技术的推广应用，也为土特产产业的高质量发展提供了技术支撑。这些新的发展模式和技术手段，正在逐步改变土特产的生产、加工和销售方式，使其在全球化的农业市场中占据更重要的位置。

土特产产业的发展不仅限于单一的农产品生产，而是与区域文化、生态环境、旅游产业等多种要素深度融合，形成了综合性较强的复合型产业模式。例如，近年来，乡村旅游与土特产的融合发展成为地方经济增长的新引擎，土特产作为乡村旅游的重要组成部分，通过文化、体验和生态等多维度的价值展示，吸引了大量游客，有效带动了区域经济发展。同时，电商平台的普及和农村物流基础设施的完善，也为土特产开辟了新的销售渠道，提升了产品的市场流通能力，帮助更多偏远地区的优质土特产走向更广阔的市场。

然而，尽管土特产产业在政策引导、科技进步、市场需求等方面取得了显著的发展成果,但在产业融合度、品牌建设、标准化生产以及利益联结机制方面依然存在诸多亟待解决的问题。首先,土特产产业整体仍以分散经营为主,难以形成规模效应和品牌效应,品牌影响力较弱,市场竞争力不足。其次,土特产的标准化生产体系尚不健全,产品质量参差不齐,市场监管和质量安全保障体系有待进一步完善。此外,土特产产业链上下游之间的利益联结机制不够健全,农民在土特产产业链中的利益分配不均,影响了产业的可持续发展和农民增收。

为了解决上述问题,实现土特产产业的高质量发展,本研究深入探讨了土特产产业发展的现状及问题,并从特色农业的资源禀赋、品牌建设与管理、多产业融合发展、利益联结机制创新等方面提出优化路径。通过理论分析和案例研究,揭示推动土特产产业转型升级的有效策略和措施。研究旨在为土特产产业的理论研究和实践应用提供理论基础和实践指导,以期推动我国土特产产业迈向更高质量、更可持续的发展阶段,为实现农业现代化和乡村振兴目标贡献力量。

二、现代农业发展的背景

现代农业的发展受到多种复杂因素的共同作用,包括科技进步、市场需求变化以及政策环境的支持。这些因素交织影响,使得农业逐步摆脱传统的单一生产模式,向综合性、系统化、智能化的现代化生产模式转型,从而为农业经济的高质量发展提供了坚实的支撑和深厚的动力。以下从科技进步、市场需求和政策环境三大方面进行现代农业发展的背景分析,旨在揭示当前农业发展的内在动力及其对产业结构优化的深远影响。

科技进步是现代农业发展的重要驱动力。近年来,生物技术、信息技术、机械化技术的不断突破与应用,极大地推动了农业的现代化进程。生物育种技术的飞速发展,显著提高了作物种类和品质的多样性,使得作物的抗病性、抗逆性和产量得到了大幅提升。例如,通过基因编辑技术,科研人员可以精准改良作物的基因特性,从而培育出更适应不同气候条件和土壤环境的作物新品种,这不仅提高了农业生产的抗风险能力,也在一定程度上提升了土特产的市场竞争力。此外,精准农业技术的发展,改变了传统农业粗放型的管理方式,使得农业生产变得更加精细化和智能化。精准农业通过引入先进的传感器和遥感设备,能够实时监测作物的生长状态、土壤的肥力水平和病虫害的发生情况,从而实现精准施肥、精准灌溉和精准病虫害防治,显著提高了资源的利用效率，降低了环境污染。

与此同时，智能农业机械设备的普及也极大地推动了农业生产的机械化水平。无人驾驶拖拉机、智能化播种机和收割机等设备的应用，极大地减少了农业生产中对人工的依赖，提高了劳动生产率，降低了生产成本。例如，在大规模种植的玉米、小麦等农作物中，现代化的智能农业机械设备可以实现从播种到收割的全程自动化操作，不仅提高了作业效率，还能够通过数据采集和分析实现生产管理的智能化。这些现代农业技术的广泛应用，使得我国农业生产的现代化水平不断提升，为农业的高质量发展提供了技术支持和保障。

数字农业和智能农业的发展是推动农业现代化转型的重要引擎。随着大数据、物联网、人工智能等技术的快速发展，农业生产逐步实现了数字化、信息化和智能化管理。在数字农业中，通过引入大数据分析和物联网监测系统，可以对农业生产的各个环节进行实时数据采集和动态监测，如土壤水分、气象条件、作物生长状况等，从而为农业生产提供科学的决策支持和管理依据。例如，基于遥感技术和地理信息系统（GIS）的农业监测系统，可以在大范围内对作物生长状态进行监控和评估，预测可能发生的病虫害，为农业管理者提供数据支持，提升了农业生产的决策科学性和管理效率。智能农业的发展，不仅提高了农业生产的精细化管理水平，还能够通过人工智能和自动化技术的引入，实现农业生产从种植到采摘的全程自动化，进一步降低了农业生产的人工成本。

科技进步在推动现代农业整体发展的同时，也在特色农业产业，特别是土特产产业中起到了重要的推动作用。例如，通过引入生物技术对地方特色作物进行基因改良，可以提高作物的抗病性和产量，从而提升土特产的品质和市场竞争力。浙江省丽水市在茶叶种植和加工中引入了智能化加工设备，不仅延长了茶叶的保鲜期，还提升了茶叶的风味，从而大幅提升了当地茶叶的市场竞争力。科技的引入和创新，正在逐步改变土特产产业的传统生产方式，为其带来了更加广阔的发展空间和市场前景。

市场需求的变化同样是现代农业发展的重要推动力。随着经济的持续发展和居民收入水平的提高，消费者的食品消费观念也发生了深刻的变化。从传统上注重满足温饱的需求，到现阶段更加追求食品的品质、营养、安全性和绿色环保属性，这一消费观念的转变为农业产业结构的调整和优化创造了新的市场机遇。消费者的需求从"量"的满足转向了"质"的追求，更加重视食品的营养价值、健康性和独特性。土特产产品正是凭借其地域特色和独特的生产工艺，在消费市场中占据了重要位置，满足了人们对高品质、个性化和文化体验的需求。

个性化消费需求的兴起，为土特产的崛起提供了强大的市场推动力。具有地域特色和文化内涵的土特产产品因其独特的品质和文化价值而受到广泛欢迎。消费者愿意为带有地域文化故事的产品支付更高的价格，从而为土特产产业的品牌化和市场化发展提供了坚实的市场基础。例如，福建武夷岩茶因其生长在武夷山脉独特的地理环境中，加之精湛的制茶工艺，每年吸引大量茶叶爱好者前往当地旅游和采购。土特产产品不再仅仅是简单的食品或商品，而是承载了当地文化、生态和生活方式的载体，成为人们生活品位和文化认同的重要表现形式。这种消费趋势的转变，推动了土特产产业从传统的农业产品向高附加值的文化产品和体验产品转型升级。

线上销售和消费模式的创新进一步推动了土特产产业的发展。近年来，电子商务平台的迅速崛起和物流配送体系的不断完善，为土特产产品的推广和销售提供了更加便捷和高效的渠道。电商平台通过大数据分析消费者的消费偏好和购买习惯，为土特产企业制定个性化的销售策略提供了数据支持。同时，借助直播带货、社交媒体推广等创新营销方式，土特产产品逐步从传统的线下销售拓展到线上销售，实现了消费模式的多样化。例如，每年"双十一"期间，各地土特产通过电商平台的促销活动实现了销量的成倍增长，不仅提升了产品的市场知名度，还扩大了品牌的影响力。

政策环境的支持是现代农业发展的重要保障。近年来，国家不断加大对农业产业发展的政策支持力度，出台了一系列促进农业现代化和特色农业发展的政策文件。例如，中央一号文件连续多年将农业发展和农村建设列为重点内容，明确提出要支持各地因地制宜发展特色产业，打造具有地方特色的农业品牌。这些政策的实施，形成了从中央到地方的全方位政策支持体系，为农业现代化和土特产产业的发展提供了坚实的政策保障。

农业产业化政策的出台，为土特产产业的发展提供了有力的政策支撑。为了推动农业的产业化和规模化发展，国家在土地流转、产业链整合、市场流通等方面出台了多项具体的配套政策。2012年国务院发布的《关于支持农业产业化龙头企业发展的意见》中指出，龙头企业集成利用资本、技术、人才等生产要素，带动农户发展专业化、标准化、规模化、集约化生产，是构建现代农业产业体系的重要主体。该文件强调了引导龙头企业向优势产区集中，推动企业集群集聚，培育壮大区域主导产业，增强区域经济发展实力。这些政策的实施，有力促进了农业现代化进程中的资源整合和要素集聚，使得土特产产业能够更加高效地利用各类生产要素，提升产业的集约化和现代化水平。

国家乡村振兴战略的提出，为土特产产业的发展带来了新的历史机遇。通过对乡村经济、文化、生态的全面振兴，国家推动农业农村由传统农业向现代农业转型，重点扶持特色农业、生态农业和旅游农业的发展。乡村振兴战略的实施，提升了农村基础设施建设水平和农民生活质量，为土特产产业的可持续发展创造了良好的环境和条件。各地政府通过出台专项政策，因地制宜地发展土特产产业，不仅丰富了乡村产业类型，实现了乡村经济的多样化发展，还有效促进了农民增收和农村经济的可持续发展。

总而言之，科技进步、市场需求变化和政策环境支持是推动现代农业发展的三大重要因素。这些因素通过相互作用和综合发力，为现代农业的高质量发展提供了坚实的基础。现代农业的转型升级不仅体现在农业生产方式的变革上，更体现在农业产业结构的优化和市场供需的高度匹配上。未来，随着科技的进一步进步、消费理念的不断升级和政策环境的持续完善，我国的现代农业将迎来更加广阔的发展前景，为实现农业农村的现代化、推动乡村振兴战略的全面实施提供强有力的支撑。

综合来看，现代农业的发展背景复杂而多元。科技进步为农业生产的转型升级提供了技术支撑，市场需求的变化推动了特色农业的崛起，而政策环境的支持则为土特产产业的可持续发展奠定了坚实的制度保障。随着现代农业的发展路径逐步清晰，土特产作为特色农业的重要组成部分，将在未来的发展中发挥更加重要的作用。

三、研究土特产的意义

研究土特产的意义不仅局限于推动某一地方农业的发展，而是着眼于整体农业经济的转型升级、农村经济的全面振兴、生态与文化的协同保护以及国家农业竞争力的整体提升。土特产作为地方特色农业的代表，其研究与发展关乎农业现代化建设的全局目标和实现路径，具体体现了现代农业高质量发展的综合价值。

1. 推动农业经济转型，实现多维度的价值提升

传统农业经济主要依赖于初级农产品的生产和销售，通常表现为生产效率低、附加值低、抗风险能力弱等特征，难以适应现代市场环境的快速变化。土特产作为具有地域特色和文化附加值的产品，其研究和发展能够有效推动农业经济的转型升级，促使农业从粗放型、资源依赖型向集约型、专业化方向发展。通过对土特产的开发和创新，可以提升农业的附加值，促使其从单一的生产活动转向包括加工、品牌、营销在内的综合性产业链条，实现产品增值和产业提质。

具体而言，土特产的开发能够带动包括种植、加工、包装、物流在内的全产业链发展，形成农业产业链的延伸和价值链的提升。例如，四川郫县豆瓣的开发和推广，不仅带动了当地豆瓣酱加工产业的发展，还促进了周边相关配套产业如种植、运输、包装材料等行业的发展。通过标准化、规模化生产和品牌化经营，当地的豆瓣产业形成了"产加销一体化"的发展模式，有效提升了产业的整体价值。此外，土特产的开发还能够通过文创和科技的结合，衍生出更多样化的农业产品，如土特产衍生品、地方特产旅游纪念品等，进一步丰富了地方农业的产品结构，增强了农业经济的综合效益。

2. 促进农村经济发展，推动乡村振兴

土特产的开发与发展能够为农村地区提供新的经济增长点，并有效促进农村经济的结构性调整。研究表明，特色产业的发展可以带动农村地区的就业，提升农民收入水平，改善农村的整体经济状况。在发展土特产的过程中，农民可以通过土地流转、劳动力投入、资金投资等方式，参与到土特产的生产和经营中，成为现代农业产业链条中的重要一环。

例如，贵州省的刺梨产业依托于当地独特的生态环境和种质资源，形成了集种植、加工、销售、体验旅游于一体的产业链条。该产业的兴起带动了上万名农民参与到刺梨种植和加工中，显著提高了农民的收入水平。此外，产业链的延伸还带动了当地基础设施建设、物流服务和旅游业的发展，优化了农村的经济结构，推动了地方的全面发展。土特产的研究和发展不仅促进了农村经济的繁荣，还在一定程度上遏制了农村劳动力外流现象，实现了"就地城镇化"的目标，为国家的乡村振兴战略注入了新的动能。

3. 保护生态环境与文化遗产，实现可持续发展

土特产的可持续发展通常与当地的生态环境和文化遗产密切相关。研究和发展土特产有助于推动农业的生态化发展，通过发展生态农业和绿色农业来实现环境保护与经济发展的平衡。许多土特产依赖于独特的自然条件，如特定的气候、土壤、地形等，发展土特产产业的过程即是维护和利用这些资源的过程。因此，在土特产的开发中，应特别注重保护生态环境，推行绿色生产技术，避免对环境的过度开发和破坏。

以广西桂林的罗汉果种植为例，当地政府在发展罗汉果产业的过程中，大力推广无公害种植技术，禁止过度使用化肥和农药，从而保证了罗汉果的质量和生态环境的可持续性。同时，罗汉果作为地方特有的中药材，还与当地的中医药文化密切相关。在产业开发的过程中，通过建立罗汉果文化园、推广罗汉果药膳等形式，进一步挖掘其文化价值，促进了中医药文化的传承和弘扬。土特产的发展不仅带来了经济效益，还推动了地方文化的复兴，增强了农民的文化自信。

4. 提升国家农业竞争力，增强国际市场影响力

在全球化背景下，农业产品的国际竞争力成为衡量国家农业发展水平的重要指标之一。研究和发展土特产能够丰富国家的农业产品结构，增强农业的市场竞争力和国际影响力。土特产因其独特的地域性和文化性，能够在国际市场上形成差异化竞争优势，为国家的农业产品出口和文化输出提供助力。例如，中国的茶叶、川菜调料、宁夏枸杞等土特产产品，因其优质的产品质量和深厚的文化底蕴，在国际市场上拥有较高的知名度和认可度。

研究表明，土特产的品牌化和标准化建设能够有效提升产品的附加值和市场竞争力。通过建立严格的质量标准、推行地理标志保护制度，可以确保土特产的质量和品牌信誉，提升其在国际市场中的地位。同时，通过品牌的宣传推广，可以将土特产与中国文化有机结合，增强中国农业品牌在全球的影响力。如"茅台酒"不仅作为一种高端白酒出口到全球，还成了中国文化的一部分，被誉为"国酒"，其品牌价值在国际市场上不断提升，为国家农业竞争力的提升和文化形象的塑造作出了积极贡献。

5. 创新农业发展模式，提供实践指导与理论借鉴

研究土特产的意义还在于探索一种具有中国特色的农业发展模式，为全球农业发展提供理论指导与实践借鉴。土特产的发展模式不同于传统的农业生产模式，它更多地依赖于地方特色资源，强调产业的多样性、地域性和文化性。这种发展模式在全球农业转型升级的背景下，提供了一种新的发展思路和路径。通过对土特产产业链的研究，可以发现传统农业向现代农业转型过程中面临的共性问题和解决路径，从而为其他国家或地区提供可行的借鉴与参考。

总之，研究"土特产"的意义深远而广泛。它不仅能够推动农业经济的转型和农村经济的发展，还能够有效保护生态环境与文化遗产，提升国家农业的国际竞争力,为实现农业的可持续发展提供坚实的理论与实践支持。随着现代农业的发展,土特产将在未来农业经济中扮演更加重要的角色,为全球农业经济的发展注入新的活力。

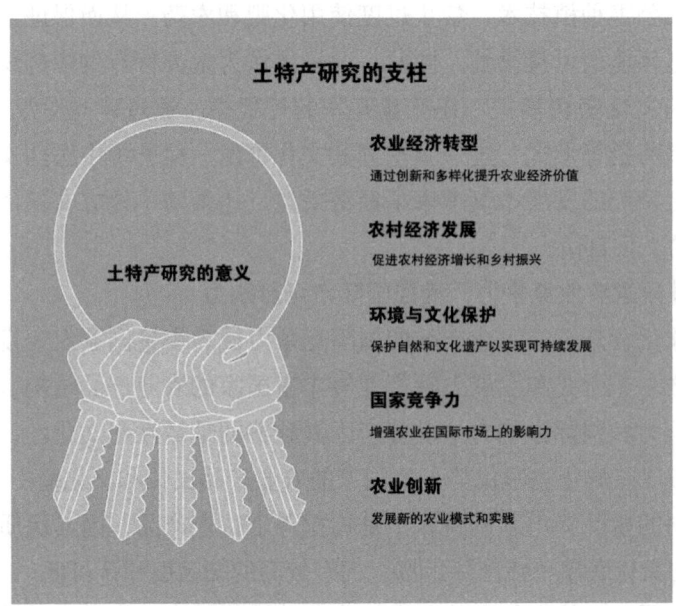

四、结 论

综上所述,研究土特产在现代农业经营体系中的重要性不言而喻。它不仅是推动农业经济转型、促进农村发展、保护生态环境与文化遗产的重要手段,也是提升国家农业竞争力的有效途径。土特产作为具有独特地域性和文化性的农业产品,是农业现代化进程中不可或缺的一部分,其发展在乡村振兴战略、生态文明建设和农业可持续发展等国家重大战略中具有重要地位。深入研究土特产的发展内涵、特点及其路径,不仅能够为农业现代化提供理论支持和实践指导,也能为区域经济的协调发展和农村社会的可持续振兴带来广泛影响。

通过本书的研究与讨论,可以更加清晰地认识到土特产在推动农业经济转型升级中的独特作用。土特产的开发与推广打破了传统农业仅依靠初级产品生产的局限,使农业生产向精深加工、品牌培育和市场拓展方向转型,极大提升了农业产品的附加值和市场竞争力。这种发展模式不仅帮助农民增收致富,改善了农村的经济结构和产业结构,也在一定程度上推动了农村劳动力的合理配置和农村人力资源的有效利用，为实现农业现代化和乡村振兴提供了坚实的基础。

值得注意的是，土特产的研究和发展还需要解决诸多现实问题。例如，土特产的生产和经营在标准化、品牌化、市场化方面仍存在较大差距，农民与市场之间的利益联结机制不够完善，难以形成有效的生产组织方式和市场流通体系。此外，土特产的推广和宣传仍然局限于局部地区，尚未形成全国性甚至全球性的品牌效应。因此，未来在推动土特产高质量发展的过程中，应进一步加强政策支持、加大科研投入、完善标准体系，并充分发挥市场机制作用，以提高土特产在农业经济中的贡献度。

从理论层面来看，土特产研究具有深刻的学术意义。它不仅是对传统农业经济学的补充和拓展，也是对特色农业、生态农业和文化农业等新型农业形态的深入剖析。通过研究土特产的形成机制、产业链条、发展路径和市场策略，可以揭示农业经济转型的内在规律和外部条件，为农业现代化发展提供理论依据。同时，土特产研究还能够帮助识别农业与其他产业之间的协同效应，为多产业融合发展提供理论基础。未来学术研究应进一步探索土特产在农村社会发展、文化传承、生态保护等方面的作用和价值，以拓展农业经济学的研究边界。

从实践层面来看，土特产发展是促进农村经济可持续发展的有效途径。通过因地制宜地发展土特产，可以充分发挥地方资源的独特优势，推动农村地区形成"一村一品""一县一业"的产业发展格局，促进城乡要素的双向流动和区域经济的协调发展。同时，通过构建完善的土特产利益联结机制，可以有效保障农民在土特产产业链中的利益分配，进一步增强农民参与农业产业化和现代化建设的积极性和主动性。未来应继续完善和优化土特产发展的政策体系，推动各类社会资源向土特产产业聚集，为特色农业的发展提供更加广阔的空间。

本书的研究重点在于通过多维度、多角度的探讨，为土特产产业的发展提供系统化的理论支持和实践指导。在未来的研究中，还需进一步探讨如何将土特产与现代农业、生态保护、文化传承以及市场拓展更好地结合起来，探索出一条兼顾经济效益、社会效益和生态效益的可持续发展路径。通过深入分析土特产的实际发展案例，本书旨在揭示当前土特产产业发展中的优势和瓶颈，并提出切实可行的发展策略和路径。

最后，土特产的研究和发展不仅局限于农业领域，更涉及乡村振兴、生态文明建设、文化传承等多个方面。它是一项系统工程，需要政策制定者、学术研究者、产业从业者以及广大农民的共同努力。希望通过本书的深入探讨，能够为读者在理解和发展土特产产业的过程中提供有益的理论借鉴与实践启示，为我国特色农业的发展与乡村振兴战略的实施作出更大的贡献。土特产作为中国农业发展的重要力量，在未来将继续为农业现代化和乡村振兴注入新的活力，并在全球化农业经济体系中展现出独特的竞争优势。

第四节　实践中的几个思考：土特产有多"土"，如何"特"，多大"产"

产业振兴是乡村振兴的重中之重，也是实际工作的切入点。没有产业的农村，难聚人气，更谈不上留住人才，农民增收路子拓不宽，文化活动很难开展起来。各地推动产业振兴，要把"土特产"这3个字琢磨透。"土"讲的是基于一方水土，开发乡土资源。要善于分析新的市场环境、新的技术条件，用好新的营销手段，打开视野来用好当地资源，注重开发农业产业新功能、农村生态新价值，如发展生态旅游、民俗文化、休闲观光等。"特"讲的是突出地域特点，体现当地风情。要跳出本地看本地，打造为广大消费者所认可、能形成竞争优势的特色，如因地制宜打造苹果村、木耳乡、黄花镇等。"产"讲的是真正建成产业、形成集群。要延长农产品产业链，发展农产品加工、保鲜储藏、运输销售等，形成一定规模，把农产品增值收益留在农村、留给农民。产业梯度转移是个趋势，各地发展特色产业时要抓住这个机遇。

（《加快建设农业强国　推进农业农村现代化》习近平《求是》2023年第6期）

一、有多"土"

在多大区域内的"土"算"土"？是越大越好吗？是越小越好吗？

以"县域"为基础（壮大县域富民产业），因地制宜（健全因地制宜发展新质生产力体制机制）。

土特产是乡村振兴的重要抓手，但在发展过程中也面临一些问题和挑战。其中，最为关键的问题是：有多"土"？这个问题看似简单，却事关土特产的内涵和外延，影响着产业发展方向和路径选择。

（一）"土"字的理论分析

1. 区域范围：多大的"土"才算"土"？

土特产的"土"，首先体现在其特定的区域范围。但究竟多大区域内的"土"才算"土"？这是一个值得深入探讨的问题。

有人认为，土特产的区域范围越大越好，可以形成规模效应，提升产业竞争力。比如，将整个省份作为一个土特产区域，打造区域公用品牌，扩大市场影响力。这种做法有一定道理，但也存在弊端。区域过大，可能会淡化产品的地域特色，失去土特产的本真味道。

也有人主张，土特产的区域范围越小越好，可以凸显产品的独特性。比如，将某个村庄作为一个土特产区域，打造极具特色的产品。这种做法能够最大限度地保留产品的原汁原味，但也面临一些困难。区域过小，产业规模有限，难以形成竞争优势。

那么，土特产的最佳区域范围是什么？作者认为，应该以"县域"为基础，因地制宜发展土特产。

2. 以县域为基础，壮大富民产业

县域是承上启下的关键一环，是连接城乡的重要节点。以县域为基础发展土特产，具有得天独厚的优势。

从资源禀赋看，每个县域都有自己独特的自然资源和人文资源，这是发展土特产的宝贵财富。比如，某县盛产甘薯，另一县出产黑猪，再一县多产竹子，这些都是发展土特产的有利条件。立足县域资源，挖掘特色潜力，就能打造独具魅力的土特产。

从产业基础看，许多县域已经形成了一定的特色产业集聚，具有产业发展基础。比如，福建安溪县的铁观音、四川都江堰市的青城茶、广西容县的沙田柚，这些特色产业已经成为县域经济的支柱。以现有产业为基础，延伸产业链条，提升价值链层次，就能推动县域特色产业做大做强。

从带动就业看，发展县域土特产，可以为当地农民提供更多就业机会。通过就地就近就业，农民可以实现增收致富，改善生活条件。同时，土特产产业的发展，还可以吸引更多外出务工人员返乡创业，为县域经济注入新的活力。

因此，以县域为基础，因地制宜发展土特产，是壮大乡村富民产业的重要抓手。这既符合土特产的内在要求，又契合乡村振兴的现实需要。

3. 因地制宜，健全发展新质生产力体制机制

发展县域土特产，关键要因地制宜，根据县域实际情况，健全发展新质生产力体制机制。

从生态环境看，要立足县域生态禀赋，走绿色发展之路。对于生态环境良好的地区，要积极发展有机农业、生态农业，打造绿色有机土特产。对于生态环境脆弱的地区，要合理开发利用资源，防止过度开发，走可持续发展道路。

从资源条件看，要根据县域资源特点，发展特色优势产业。比如，对于旅游资源丰富的县域，可以发展乡村旅游，打造旅游特产；对于劳动力资源充裕的县域，可以发展劳动密集型加工业，延伸特色产业链；对于科技资源聚集的县域，可以发展高科技农业，提升特色产业附加值。

从产业基础看，要依托县域原有产业，推动产业转型升级。对于已经形成特色优势的产业，要巩固提升，做大做强；对于具有一定基础的产业，要改造提升，做精做优；对于处于起步阶段的产业，要培育壮大，做特做新。

从体制机制看，要健全利益联结机制，让农民更多分享产业增值收益。要创新产业组织方式，培育新型农业经营主体，提高产业化、规模化水平。要强化科技支撑，加快科技成果转化应用，提升产业科技含量。要完善服务体系，加强品牌建设，拓宽营销渠道。

总之，因地制宜发展县域土特产，需要在生态、资源、产业、体制等方面统筹谋划，健全发展新质生产力体制机制，激发县域内生动力，推动县域特色产业高质量发展。

4. 土特产托起县域富民新希望

县域是乡村振兴的重要战场，是推进农业农村现代化的关键领域。而县域土特产，正是县域经济发展的重要引擎，是县域富民的重要途径。

发展县域土特产，有利于推动县域产业结构优化。通过特色产业带动，促进县域一二三产业融合发展，提升县域经济竞争力，为县域经济高质量发展注入新动能。

发展县域土特产，有利于促进县域城乡融合发展。通过发展特色产业，打通工农互促、城乡互补的经济循环，缩小城乡差距，实现县域城乡协调发展。

发展县域土特产，有利于带动县域农民就业增收。通过特色产业发展，拓宽农民就业渠道，提高农民收入水平，让农民更多分享产业发展红利，为县域农民致富奔小康开辟新路径。

发展县域土特产，有利于彰显县域特色文化魅力。每一种土特产，都凝结着一方水土的精华,都承载着独特的历史文化底蕴。挖掘特色产品背后的故事,讲好特色文化,有利于提升县域文化软实力,展示县域独特魅力。

(二)"土"字的经济学分析

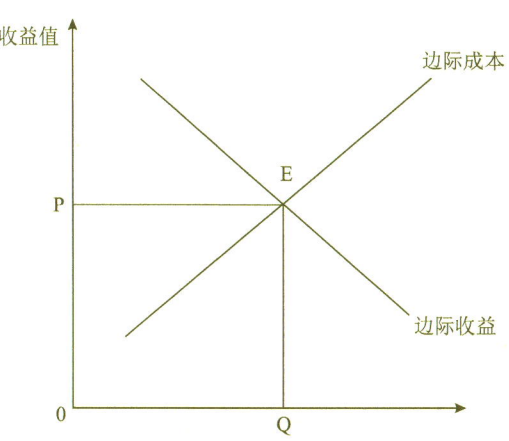

随着界定和实施排他性行为的总量逐步增加,边际成本逐步增加,而边际收益逐步减少,所以土特产范围需要在"明确性""全面性"和"可执行性"之间找到平衡。应以"县域"为基础(壮大县域富民产业),因地制宜(健全因地制宜发展新质生产力体制机制)。

在界定土特产的地理范围时,我们面临着一个关键问题:在多大区域内的"土"算"土"?是区域越大越好,还是越小越好?这个问题可以用经济学的理论来分析。

从交易成本理论的角度看,界定和实施土特产的地理范围,本质上是一种制定产权边界的过程。科斯定理指出,在交易成本为零的情况下,产权的初始界定并不影响资源配置的效率。但现实中,交易成本普遍存在。界定土特产范围,需要投入大量的人力、物力、财力,是一个成本递增的过程。

随着土特产地理范围的扩大,界定和实施排他性行为的总量逐步增加,边际成本逐步上升。当土特产范围较小时,界定成本相对较低;但随着范围扩大,协调不同利益主体、明晰产权边界的难度加大,边际成本递增。与此同时,土特产范围扩大带来的边际收益却在递减。当范围较小时,扩大面积,有利于形成规模经济,提升品牌影响力,边际收益较高;但随着范围扩大,规模经济效应递减,边际收益下降。

因此,土特产范围的界定,需要在成本和收益之间寻求平衡。过大的范围，界定成本高，难以形成排他性，产权边界模糊；过小的范围，规模经济效应难以显现，品牌影响力有限。土特产范围需要在"明确性""全面性"和"可执行性"之间找到最优平衡点。

从产业经济学的角度看，土特产的地理范围，还需要考虑产业集聚的外部性。马歇尔指出，产业集聚能够产生规模经济、知识溢出等正外部性，促进产业专业化分工和集约化发展。但过度集聚，也可能带来拥挤效应、环境污染等负外部性。土特产范围的界定，需要在正外部性和负外部性之间求得平衡，既要促进产业集聚，发挥规模经济和知识溢出效应，又要防止过度集聚带来的资源拥挤和环境损害。

综合以上分析，土特产的地理范围界定，应以"县域"为基础，因地制宜。一方面，县域是我国行政管理的基本单元，具有明确的地理边界和管理主体，有利于明晰产权，降低交易成本。以县域为基础，有利于发挥地方政府在资源整合、要素保障、公共服务等方面的作用，壮大县域富民产业。另一方面，县域内部自然条件、资源禀赋差异较大，需要因地制宜，健全适应当地特点的体制机制。在县域内部，可以根据不同的地理单元，划分更加细化的土特产保护区，形成县域总体规划下的多层级管理体系。

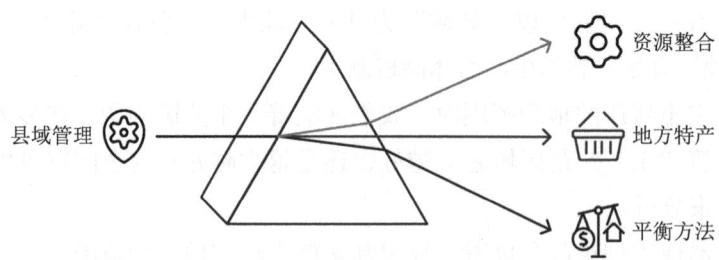

总之，土特产地理范围的界定，需要在效率和公平、成本和收益、集聚和分散等多重目标之间寻求平衡，需要在"明确性""全面性"和"可执行性"之间找到最优结合点。以县域为基础，因地制宜，既有利于降低交易成本，明晰产权边界，又有利于发挥规模经济效应，促进产业集聚发展，是一种较为适宜的制度安排。在此基础上，还需要根据地方实际，制定更加细化的多层级管理办法，促进土特产产业高质量发展。

二、如何"特"

"特"色的品牌是越多（分散）越好吗？还是越集中越好？

市场甄选（聚焦构建高水平社会主义市场经济体制，充分发挥市场在资源配置中的决定性作用）。

在发展土特产的过程中，如何"特"是一个关键问题。"特"是土特产的灵魂所在，是产品竞争力的核心要素。那么，特色品牌是越多越好，还是越集中越好？这是一个值得深入探讨的问题。

（一）"特"字的理论分析

1. 特色品牌：多而散还是少而精？

特色品牌是土特产的重要标识，是产品质量和特色的集中体现。但在品牌建设过程中，究竟是多而散好，还是少而精好？这需要辩证地看待。

一方面，多元化的特色品牌有其优势。不同地区、不同产品各有特色，打造多元化品牌，有利于满足消费者多样化需求，提供更多选择。同时，多元化品牌也有利于促进产品创新，激发市场活力。在这个意义上，特色品牌是越多越好。

另一方面，过于分散的特色品牌也存在问题。品牌过多过散，容易导致资源分散，难以形成品牌集聚效应。同时，过多的品牌也可能带来市场混淆，消费者难以辨别，影响品牌形象。品牌建设需要投入大量资源，过于分散的品牌，难以获得足够的支持。在这个意义上，特色品牌是越集中越好。

那么，如何权衡多元化和集中度，确定特色品牌发展策略？作者认为，最好依据市场甄选，聚焦构建高水平社会主义市场经济体制，充分发挥市场在资源配置中的决定性作用。

品牌发展的多元化与集中度平衡

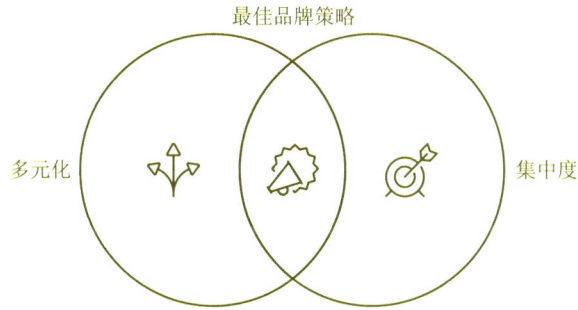

2. 依据市场甄选，优化特色品牌布局

市场是检验特色品牌的最终标准。消费者的选择，决定了品牌的兴衰成败。因此，特色品牌的培育和发展，必须立足市场需求，依据市场甄选，优化品牌布局。

首先,要深入分析消费者需求,把握市场趋势。要通过市场调研、大数据分析等方式,了解消费者对土特产的偏好和需求,分析市场容量和竞争态势,找准品牌定位。对于市场需求大、增长潜力好的品类,可以重点培育;对于市场饱和、竞争激烈的品类,要审慎布局。

其次,要优化品牌结构,突出重点品牌。要根据市场反馈,及时调整品牌策略,集中资源支持市场认可度高、发展前景好的品牌,打造区域公用品牌、企业品牌、产品品牌,形成梯次合理、结构优化的品牌体系。对于缺乏市场竞争力的品牌,要果断淘汰,优化存量,盘活资源。

再次,要创新品牌营销,拓展市场空间。要运用现代营销理念和手段,加强品牌宣传推广,提升品牌影响力。要创新营销渠道,线上线下相结合,开拓国内国际市场。要讲好品牌故事,挖掘品牌文化内涵,增强品牌溢价能力。要探索品牌联盟、区域公用品牌等模式,整合营销资源,扩大品牌效应。

最后,要健全品牌管理,强化质量安全。品牌是质量的保证,是消费者信赖的基础。要建立健全品牌标准体系,加强全过程质量控制,确保产品质量安全。要加强品牌监管,严厉打击假冒伪劣,维护品牌声誉。要完善品牌评价体系,建立品牌淘汰机制,促进优胜劣汰,提升品牌整体水平。

总之,依据市场甄选,优化特色品牌布局,是发展土特产的必由之路。这既需要发挥市场在资源配置中的决定性作用,又需要更好发挥政府作用,营造良好的制度环境和政策环境。

优化特色品牌布局

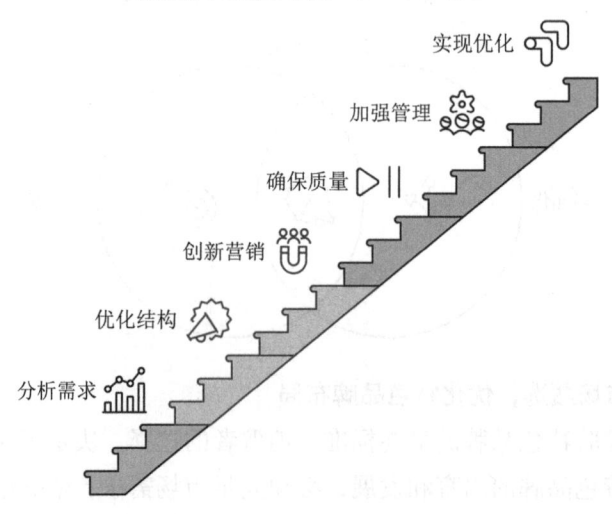

3. 聚焦构建高水平社会主义市场经济体制

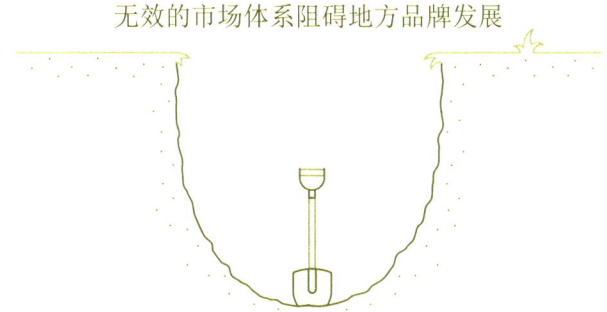

无效的市场体系阻碍地方品牌发展

发展土特产，打造特色品牌，归根结底要依靠市场这只"无形之手"。而要充分发挥市场在资源配置中的决定性作用，关键是要聚焦构建高水平社会主义市场经济体制。

构建高水平社会主义市场经济体制，要健全市场体系。要进一步放开搞活土特产市场，打破地方保护和市场分割，促进区域市场一体化发展。要培育多层次资本市场，拓宽土特产企业融资渠道。要建设高标准市场体系，健全市场监管体系，营造公平竞争的市场环境。

构建高水平社会主义市场经济体制，要转变政府职能。要厘清政府与市场的边界，政府要做好市场的"守夜人"，而不是"越位"干预市场。要创新管理方式，减少对土特产市场的直接干预，更多运用市场化、法治化手段进行引导和调控。要优化公共服务，加强品牌建设、质量监管、市场监测等服务。

构建高水平社会主义市场经济体制，要激发市场主体活力。要深化土特产领域"放管服"改革，破除制约市场主体发展的体制机制障碍。要平等保护各类所有制企业产权和合法权益，营造各类所有制企业公平竞争、共同发展的良好环境。要弘扬企业家精神，鼓励支持企业家干事创业、做强做优。

构建高水平社会主义市场经济体制，要完善宏观调控。要加强土特产产业发展的统筹谋划，完善产业政策，促进产业有序发展。要创新调控方式，更多运用经济、法律手段，发挥价格、税收、信贷等经济杠杆作用。要加强预期引导，稳定市场预期，防范化解市场风险。

总之，聚焦构建高水平社会主义市场经济体制，充分发挥市场在资源配置中的决定性作用，是优化土特产特色品牌布局的根本保证。只有坚持和完善社会主义基本经济制度，毫不动摇巩固和发展公有制经济，毫不动摇鼓励、支持、引导非公有制经济发展，才能为土特产产业发展、特色品牌培育营造更加良好的制度环境。

4. 特色品牌引领土特产高质量发展

特色品牌是土特产高质量发展的重要标志，是乡村振兴的重要支撑。培育一批叫得响、立得住、推得开的特色品牌，对于促进土特产提质增效、推动乡村产业振兴具有重要意义。

特色品牌引领产业升级。品牌是产业发展的龙头，是市场竞争的利器。以品牌为引领，推动土特产产业提档升级，延伸产业链条，提升价值链层次，是实现产业高质量发展的必由之路。通过品牌带动，促进产品创新、技术创新、模式创新，不断提升土特产的科技含量和附加值。

特色品牌带动农民增收。品牌是价值的象征，是效益的代名词。打造特色品牌，有利于提高土特产产品附加值和市场竞争力，拓宽销售渠道，提升产品溢价能力，带动农民就业增收。通过利益联结机制创新，让农民更多分享品牌红利，让品牌成为农民增收致富的金字招牌。

特色品牌彰显文化自信。品牌是文化的载体，是故事的讲述者。每一个特色品牌，都凝结着独特的历史文化底蕴，都承载着一方水土的深厚情怀。讲好品牌故事，挖掘品牌文化内涵，有利于传承和弘扬优秀传统文化，提升文化软实力，展示乡村文明新风貌。

特色品牌提升国家形象。品牌是国家的名片，是民族的骄傲。打造一批世界级特色品牌，讲好中国品牌故事，展示中国品牌形象，有利于提升国家文化影响力，增强民族自豪感，为实现中华民族伟大复兴提供强大精神力量。

特色品牌的多重价值

产业升级　农民增收　文化自信　国家形象

站在"两个一百年"奋斗目标的历史交汇点，开启全面建设社会主义现代化国家新征程，要进一步解放思想、开拓创新，立足市场需求，优化资源配置，聚焦特色品牌培育，推动土特产高质量发展，为全面推进乡村振兴、加快农业农村现代化贡献智慧和力量，为实现第二个百年奋斗目标、实现中华民族伟大复兴的中国梦不懈奋斗！

（二）"特"字的经济学分析

每个地区都有一个或多个特色，且多个特色的情况更为普遍。一个基本的假设是，土特产应避免与通用农产品竞争。一般来说，土特产的本土化程度越高，它的市场扩散效率（高辨识度引发的高传播性）就会越高，同时可接受程度越低。显然，由于这些产品往往具有特定的地域特色或文化背景，其独特的风味、外观或使用方式可能并不为大众消费者所熟悉或接受，典型的例子是西南地区的折耳根与腾冲的大蠊。我们的目标是找到扩散效率与大众接受程度的微妙平衡。

我们将土特产的品牌影响效率曲线设为如下：

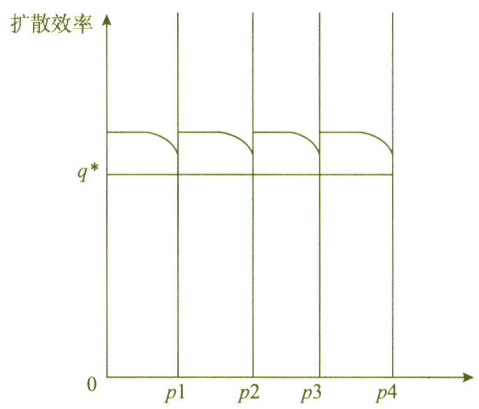

图中四种土特产产品，在（$p1+p2+p3+p4$）所损失的品牌扩散效率差值为 q^*。

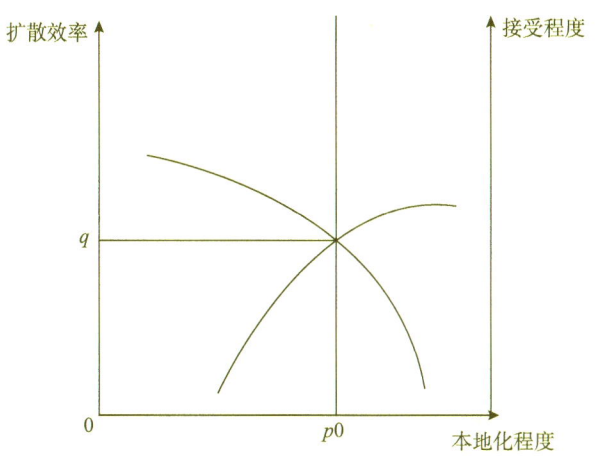

在上图中，假定品类合并出现，合并了这四位小品牌的土地，也即 $p0=p1+p2+p3+p4$，其损失的效率为 q，可以看到 $q^*<q$。

图中 $p1$、$p2$、$p3$、$p4$ 代表四个土特产品牌，当它们各自独立时，品牌影响效率损失为 q^*；当它们合并为一个整体品牌 $p0$ 时，品牌影响效率损失为 q。可以看出，品牌过度集中（$p0$）导致效率损失扩大。因此，土特产品牌需要在差异化（$p1$、$p2$、$p3$、$p4$）与规模经济（$p0$）之间寻求平衡。

对于品类的选择，应以市场甄选为准（聚焦构建高水平社会主义市场经济体制，充分发挥市场在资源配置中的决定性作用），尝试在多样性与特定的集中度之间找到平衡。

从经济学的角度来看，土特产品牌的多样性与集中度之间的平衡，实质上反映了产品差异化战略与规模经济之间的权衡。

一方面，产品差异化有助于企业获得竞争优势。Chamberlin 1933 年在其"垄断竞争理论"中指出，企业可以通过差异化来获得一定的市场势力，在价格上获得议价能力。对于土特产而言，差异化意味着突出地域特色，形成独特的品牌形象。这种差异化策略有助于土特产品牌避免与通用农产品的直接竞争，占据细分市场。Porter 1980 年也强调，差异化是企业实现竞争优势的三大基本战略之一。

另一方面，过度的差异化可能导致规模经济效应难以发挥。规模经济是指企业通过扩大生产规模而实现长期平均成本下降的现象。对于土特产品牌而言，过于分散的品类布局，可能导致每个品类的生产规模有限，难以通过规模扩张实现成本节约。Prahalad 和 Hamel 1990 年提出的"核心竞争力"理论强调，企业应该将资源集中于少数几个关键领域，而非过度多元。

因此，土特产品牌在多样性与集中度之间，需要寻求动态平衡。一个可能的思路是"聚焦式差异化"，即在整体上保持聚焦，但在细分领域积极推进差异化。这与 Aaker 2001 年提出的"品牌延伸"策略不谋而合。品牌延伸是指利用现有品牌进入新的产品领域。对土特产而言，可以考虑围绕少数几个核心品类，适度延伸产品线，在巩固核心竞争力的同时，满足消费者的多样化需求。

楷模在于宫崎骏的吉卜力工作室，尽管动画电影题材多样，但都围绕着宫崎骏独特的艺术风格，形成了鲜明的品牌个性。类似地，土特产品牌可以围绕地域文化，形成一以贯之的品牌形象，再进行适度的品类延伸。

总之，土特产品牌在多样性与集中度之间的平衡，需要在差异化与规模经济之间寻求最优组合。"聚焦式差异化"不失为一种有益的尝试。无论采取何种策略，最终都需要以市场需求为导向，在竞争中实现动态优化。正如亚当·斯密所言："消费者是生产的唯一目的和意图"。品牌战略的制定，归根结底要服务于消费者的利益。

三、多大"产"

政府的支持将多大程度上影响和牵引产业的大小与链条链的长短？

政府支持，基础支持，产业共用（建立政府投资支持基础性、公益性、长远性重大项目建设长效机制，健全政府投资有效带动社会投资体制机制）。

在发展土特产的过程中，多大"产"是一个关键问题。产业规模和产业链的长度，直接影响着土特产的市场竞争力和可持续发展能力。那么，政府的支持将在多大程度上影响和牵引产业的大小与链条的长短？这是一个值得深入探讨的问题。

（一）"产"字的理论分析

1. 政府支持：产业发展的"助推器"

政府支持是土特产产业发展的重要推动力

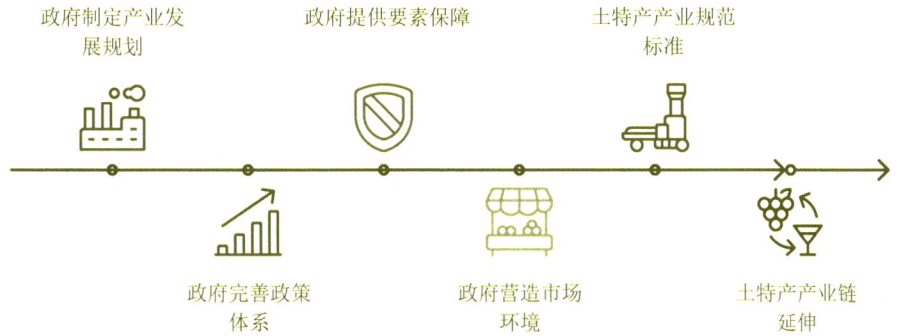

政府支持是土特产产业发展的重要推动力。从产业发展的历史经验看，政府的支持对于产业的培育和壮大发挥了不可替代的作用。

首先，政府支持为产业发展提供了良好的制度环境。通过制定产业发展规划、完善产业政策体系、健全法律法规等，政府为土特产产业发展创造了有利的制度条件。比如，通过制定土特产标准体系，规范市场秩序；通过完善质量监管体系，保障产品质量安全；通过健全知识产权保护制度，激励自主创新。

其次，政府支持为产业发展提供了必要的要素保障。土地、资金、人才、技术等是产业发展的关键要素。政府通过完善土地利用政策、加大财政支持力度、优化人才培养机制、强化科技创新支撑等，为土特产产业发展提供了强有力的要素支持。比如，通过设立专项资金，支持龙头企业做大做强；通过实施人才培养计划，为产业发展输送高素质人才。

最后，政府支持为产业发展营造了良好的市场环境。市场是检验产业发展的最终标准。政府通过加强市场监管、维护公平竞争、优化营商环境等，为土特产产业发展营造了良好的市场生态。比如，通过实施质量兴农战略，提升农产品质量安全水平；通过开展品牌营销活动，扩大土特产市场影响力。

可以说，政府支持是土特产产业发展的"助推器"，在优化产业发展环境、提供关键要素支撑、营造良好市场生态等方面发挥着重要作用，对于产业规模壮大和产业链延伸具有重要的引导和带动作用。

2. 基础支持：夯实产业发展根基

产业发展离不开坚实的基础支撑。基础设施建设、公共服务提供等，是土特产产业发展的重要基石。而政府在提供基础支持方面，具有不可替代的作用。

首先，基础设施建设是产业发展的先决条件。交通、水利、电力、通信等基础设施，是土特产产业发展的重要支撑。政府通过加大基础设施投资力度，完善基础设施网络，为土特产产业发展提供了便利条件。比如，通过实施"四好农村路"建设，改善农村交通条件；通过加强农田水利建设，提高农业综合生产能力。

其次，公共服务提供是产业发展的重要保障。科技、金融、信息等公共服务，是土特产产业发展的重要支撑。政府通过完善公共服务体系，提升公共服务能力，为土特产产业发展提供了有力保障。比如，通过建设现代农业科技创新体系，提高农业科技支撑能力；通过完善农村金融服务体系，拓宽农业农村融资渠道。

最后，生态环境保护是产业发展的重要基础。良好的生态环境，是土特产产业发展的重要前提。政府通过加强生态环境保护，推进绿色发展，为土特产产业发展提供了有利条件。比如，通过实施农业面源污染防治，改善农业生态环境；通过发展生态农业、有机农业，促进农业绿色发展。

可以说，政府提供的基础支持，是土特产产业发展的"压舱石"，在夯实产业发展基础、完善产业发展条件、优化产业发展环境等方面发挥着关键作用，对于产业规模壮大和产业链延伸具有重要的支撑和保障作用。

3. 产业共用：激发产业发展活力

产业发展是一个系统工程，需要各方主体协同发力、共同推进。而政府在推动产业共用方面，具有重要的引导和带动作用。

首先，建立政府投资支持基础性、公益性、长远性重大项目建设长效机制。政府投资是撬动社会投资的重要杠杆。通过建立政府投资长效机制，引导社会资本投向基础性、公益性、长远性重大项目，可以为土特产产业发展提供关键支撑。比如，通过政府投资引导，推动农产品仓储保鲜、冷链物流等设施建设，完善产业发展基础条件。

其次，健全政府投资有效带动社会投资体制机制。发挥政府投资的示范引领和带动作用，撬动更多社会资本投向土特产产业，是推动产业做大做强的重要途径。通过完善投资体制机制，创新投资方式，放大政府投资效应，可以为土特产产业发展注入强大动力。比如，通过政府和社会资本合作（PPP）模式，撬动社会资本参与农业农村基础设施建设。

最后，推动产业链上下游协同发展。产业链的完整和协同，是产业竞争力的重要体现。政府通过加强产业链统筹谋划，推动产业链上下游协同发展，引导产业链关键环节布局，强化产业链供需对接，可以提升土特产产业整体效能。比如，通过规划引导，推动特色农产品标准化生产、产地初加工、精深加工协调发展。

可以说，政府在推动产业共用方面的引导和带动作用，是激发土特产产业发展活力的"催化剂"，通过汇聚各方力量，优化资源配置，推动产业协同发展，为做大做强土特产产业提供了强大助力。

4. 政府支持托举土特产产业腾飞

土特产产业是乡村振兴的重要支撑，是推进农业农村现代化的重要抓手。而政府支持是推动土特产产业做大做强的重要保障。只有加强政府支持，夯实产业发展基础，推动产业协同共用，才能不断开创土特产产业发展新局面。

加强政府支持，要完善产业政策体系。要立足产业发展需求，制定完善土特产产业发展规划，健全扶持政策和监管措施，加强产业发展的统筹谋划和顶层设计。要建立健全标准体系，加强质量监管，规范市场秩序。要强化知识产权保护，营造良好营商环境。

夯实产业发展基础，要加大基础设施建设力度。要统筹推进农村交通、水利、电力等基础设施建设，完善农业生产生活基础条件。要加强农业科技创新，提升产业科技支撑能力。要健全农村金融服务体系，拓宽农业农村融资渠道。要加强农业面源污染防治，推进农业绿色发展。

推动产业协同共用，要创新体制机制。要建立政府投资长效机制，引导社会资本投向农业农村重点领域和薄弱环节。要创新投融资方式，撬动金融资本、产业资本投向乡村产业发展。要加强产业链统筹谋划，推动产前、产中、产后协同发展。要建立利益联结机制，让农民更多分享产业发展红利。

（二）"产"字的经济学分析

地方特产与通用产品

 与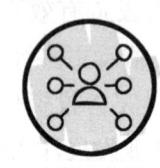

地方特产　　　　　　　通用产品
独特的吸引力，高识别度　　成熟的市场，广泛的接受度

每个地区都拥有独特的自然环境、历史文化和社会经济背景，这些因素共同塑造了该地区的特色。在大多数情况下，一个地区往往不是只有一个特色，而是拥有多个彰显当地特点的元素。这种多元化的特色不仅体现了地区的丰富性，也为土特产的发展提供了广阔的空间。

在探讨土特产发展时，我们需要明确一个基本前提：土特产应该避免与通用农产品进行直接竞争。这一假设的提出基于以下考虑：首先，通用农产品往往已经形成了成熟的市场和稳定的消费群体，土特产如果贸然进入这一领域，很难在短期内建立竞争优势。其次，土特产的价值恰恰在于其独特性和稀缺性，如果与通用产品同质化，将失去其核心竞争力。因此，土特产应该走差异化路线，充分发挥自身特色，在细分市场中占据独特地位。

土特产的本土化程度与其市场扩散效率之间存在一种有趣的关系。一般而言，土特产的本土化程度越高，其市场扩散效率就越高。这种现象的原因在于，高度本土化的产品往往具有鲜明的地域特征和文化内涵，容易引起消费者的注意和兴趣，从而获得较高的辨识度。高辨识度进而带来高传播性，使得产品信息能够快速在市场中传播开来。然而，这种高度本土化也带来了一个潜在的问题：可接受程度可能会降低。

土特产的可接受程度与其本土化程度呈现出一种反比关系。这是因为高度本土化的产品往往具有特定的地域特色或文化背景，其独特的风味、外观或使用方式可能并不为大众消费者所熟悉或接受。例如，西南地区的折耳根就是一个典型案例。折耳根作为一种地方特色蔬菜，在云南、贵州等地区广受欢迎，但对于其他地区的消费者来说，其独特的气味和口感可能难以接受。另一个更极端的例子是腾冲的大蠊，这种被当地人视为美食的昆虫，对于大多数外地消费者而言可能难以下咽。

这种现象揭示了土特产发展面临的一个核心挑战：如何在保持地方特色的同时，又能获得更广泛的市场认可。我们的目标是找到扩散效率与大众接受程度之间的微妙平衡。这需要在产品开发、市场定位和营销策略等多个方面进行精心设计和调整。

一种可能的策略是采取渐进式的市场推广。可以先在本地市场建立稳固的基础，然后逐步向周边地区扩展，最后再考虑进入全国市场。在这个过程中，可以通过适当的产品改良，使其更容易被外地消费者接受，但同时又不失其本土特色。例如，可以开发出口味相对温和的折耳根制品，或者将大蠊制成更易接受的形态，如粉末或提取物。

另一种策略是结合文化营销，通过讲述产品背后的故事，增加消费者对产品的理解和认同。例如，可以介绍折耳根在当地饮食文化中的地位，或者阐述大蠊在传统医学中的应用，从而提高产品的文化附加值。

此外，还可以考虑将土特产与旅游业结合，通过体验式消费增加消费者对产品的接受度。例如，可以组织"舌尖上的云南"美食之旅，让游客在当地品尝各种特色美食，包括折耳根和大蠊，从而在亲身体验中培养对这些产品的兴趣和接受度。

总的来说，土特产的发展需要在保持特色和扩大市场之间寻求平衡。这不仅需要对产品本身进行创新和改良，还需要在营销策略和消费者教育等方面下功夫。只有找到这种微妙的平衡，才能让土特产既保持其独特魅力，又能获得更广泛的市场认可，从而实现可持续发展。

对于品类的选择，应以市场甄选为准（聚焦构建高水平社会主义市场经济体制，充分发挥市场在资源配置中的决定性作用），尝试在多样性与特定的集中度之间找到平衡。

政府的支持将在多大程度上影响和牵引产业的大小与链条链的长短？

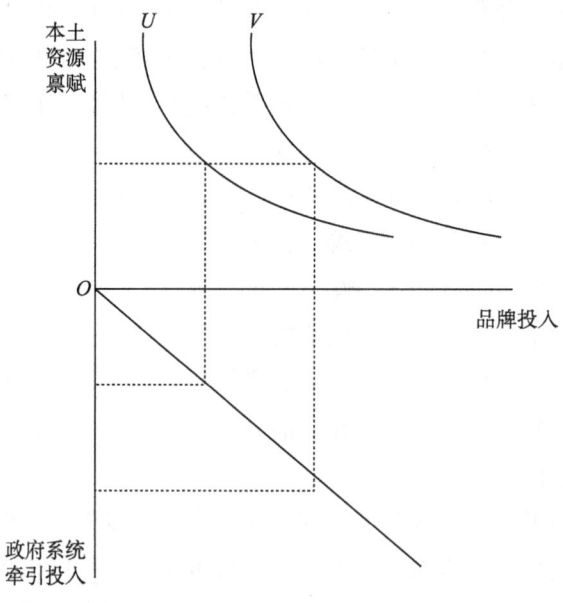

独特资源是土特产的根基,而品牌营销则是让土特产"特"起来、"火"起来的关键。两者相辅相成,缺一不可,而随着政府的系统性牵引与支持,将极大程度地影响和牵引土特产产值的提高与产业链的加强,表现为达到更高的土特产等产量曲线,从曲线 U 变化为曲线 V。

政府对土特产产业的支持向基础性、公益性和长远重大项目的成效机制发展,对土特产的发展有极大的意义。随着政府的系统性牵引与支持,土特产产业的发展将迎来新的机遇和挑战。

1. 独特资源作为土特产的根基

独特资源是土特产区别于其他农业产品和工艺品的核心要素,是土特产产业得以发展的根本基础。它们包括自然资源、文化资源、人力资源和制度资源等多种要素,共同构成了土特产的核心竞争力。这些资源的独特性不仅体现在其稀缺性和专属性上,还体现在它们与地方经济、社会和文化环境的高度依存性上。这一特性使得土特产在全球化经济体系中具有不可替代的竞争优势,形成了其他产品无法模仿的市场壁垒和品牌价值。

(1)自然资源:土特产的物质基础与价值依托

自然资源是土特产形成的物质基础,它们包括特定的地理环境、气候条件、土壤特性、水源资源等因素。例如,安溪铁观音因其种植区特殊的山地气候和红壤土质而独具特色。这些自然条件为铁观音提供了独特的香气和口感特征，使其在众多茶叶品种中脱颖而出。这种由自然资源所赋予的独特性，形成了产品无法被其他地区模仿的"原产地效应"，从而大大提升了产品的稀缺性和市场价值。

类似的例子还有贵州茅台酒，其生产所依赖的赤水河谷的水质、土壤和气候环境，是决定其风味和品质的关键因素。茅台酒的发酵工艺需要在特定的湿度、温度和微生物环境下进行，这种环境特征是赤水河谷独有的。正是这种高度依赖特定自然条件的生产工艺，使得茅台酒具有无可替代的稀缺性和品牌价值。在全球化的经济背景下，土特产的这种基于自然资源的竞争优势不仅体现在市场溢价上，还通过地理标志保护制度（GI）得到了法律的保护，进一步巩固了其市场地位。

（2）文化资源：土特产的精神内核与文化传承

文化资源是土特产区别于其他产品的重要精神内核，它包括当地的历史传统、民俗文化、宗教信仰、工艺技艺和生活习惯等多种文化要素。土特产通常承载着浓厚的文化内涵和历史积淀，是地方文化的重要载体和符号。例如，景德镇陶瓷作为世界闻名的瓷器品牌，不仅因其优良的原料和精湛的工艺而独树一帜，还因其深厚的制瓷文化和历史积淀而享誉世界。景德镇的制瓷技艺经过千年传承，形成了独特的工艺流程和文化符号，其产品因其文化价值和艺术价值而备受推崇。

文化资源的独特性使得土特产具有较高的品牌附加值和文化溢价。在产品市场化过程中，文化资源不仅能够提升产品的文化价值和市场影响力，还能够通过文化传播、旅游推广、文化体验等多种形式，吸引消费者的关注和青睐。例如，陕西西安的"秦俑"陶塑作为一种地方性土特产，通过与兵马俑这一世界文化遗产的关联，使其产品不仅具有较高的艺术价值和文化意义，还成为旅游纪念品市场上的重要品牌。

（3）人力资源：土特产产业发展的核心动力

人力资源是土特产生产过程中不可或缺的要素，尤其是那些依赖传统技艺和地方经验的产品更是如此。例如，阿克苏地区的红枣种植传统技艺经过代代相传，形成了当地农民对红枣栽培和管理的独特经验。这些技术和经验不仅是当地农民的智慧结晶，也是土特产在生产过程中保持品质和特色的关键所在。

此外，一些土特产的生产和加工过程还需要工匠们的精湛技艺和创造力，如苏州刺绣、云南普洱茶饼的压制技艺等。这些技艺通常需要长时间的经验积累和代际传承，外地生产者很难完全复制。因此，人力资源的独特性和专属性决定了土特产在市场竞争中具有不可替代性。学术界通常将这种依赖于地方性知识、技能和经验的优势称为"工匠精神"，它不仅是土特产的重要竞争力来源，也是地方文化与产业发展高度融合的体现。

（4）制度资源：土特产发展的法律保障与制度支持

制度资源是土特产在发展过程中获得法律保护和制度支持的重要途径。地理标志保护制度、传统工艺传承制度、文化遗产保护政策等，都为土特产的合法性、正宗性和品牌价值提供了坚实的制度保障。Barney 1991 年在其资源基础理论（Resource-Based View, RBV）中提出，资源的稀缺性、价值性、不可模仿性和不可替代性是企业竞争优势的来源。对于土特产而言，这些制度资源的存在不仅能够保障其在市场中的合法地位，还能够有效防止外部竞争者的侵权和仿冒，从而维护土特产的品牌声誉和市场利益。

例如，广西桂林的罗汉果已被列入地理标志保护产品名录，这一制度性保护使得市场上非桂林地区生产的罗汉果不能冠以"桂林罗汉果"的名称，从而有效防止了市场上的假冒伪劣行为。同时，地理标志保护制度的实施还促进了当地罗汉果种植的标准化和规范化生产，提高了产品的质量和市场知名度。

在制度资源的支撑下，土特产能够通过法律保护、品牌管理和市场监督等方式，有效维护其独特性和市场竞争力。这不仅使得土特产的资源优势得到充分发挥，还能够进一步提升其在国内外市场的认可度和影响力。因此，制度资源作为土特产的重要组成部分，是其竞争优势得以持续和扩展的重要保障。

综上所述，独特资源是土特产竞争优势的根本所在，也是其在全球市场中立足的基础。自然资源、文化资源、人力资源和制度资源共同构成了土特产的核心竞争力，使其具有独特性、稀缺性和不可替代性。在全球化和市场竞争日益激烈的背景下，深入研究和合理利用这些独特资源，将为土特产的可持续发展和品牌价值提升提供坚实的保障与支撑。未来的研究应进一步探讨如何通过整合这些资源，构建具有系统性和前瞻性的土特产发展模式，从而推动土特产在现代农业体系中发挥更大作用。

2. 品牌营销让土特产"特"起来、"火"起来

仅依靠土特产的独特资源还不足以在激烈的市场竞争中脱颖而出。要实现土特产的市场化和品牌化发展，品牌营销是不可或缺的战略手段。通过有效的品牌营销，可以将土特产的独特性转化为市场优势，使其真正"特"起来、"火"起来。品牌营销不仅能够提升土特产的知名度和影响力，还能够赋予产品文化价值和情感联结，从而推动消费者形成品牌忠诚度和消费黏性。

(1) 提升产品辨识度：打造鲜明的品牌形象

品牌营销的首要任务是提升产品的辨识度和市场认知度。品牌形象是消费者对产品形成的第一印象，通过品牌的视觉符号、广告宣传和故事讲述，可以将土特产的独特属性和文化内涵传递给消费者。Keller 1993 年的品牌资产理论指出，品牌知名度和品牌联想是影响消费者决策的重要因素。通过品牌塑造，消费者能够在众多同类产品中快速识别出土特产，并对其产生深刻的印象。

在土特产品牌的塑造过程中，应充分挖掘产品的文化符号和地域特色。例如，阳澄湖大闸蟹通过"阳澄湖"这一地域名称作为品牌标识，强化了产地与产品的关联性，消费者在听到"阳澄湖大闸蟹"这一品牌时，能够立即联想到其独特的生长环境和优良品质，从而产生对产品的信任感和购买欲望。此外，通过建立品牌视觉识别系统（VI），包括品牌标志、包装设计、广告口号等，可以进一步提升品牌的辨识度和市场影响力。

(2) 增加产品附加值：塑造品牌的文化与情感价值

品牌不仅是产品的标识，更是文化内涵和情感价值的载体。Aaker 1996 年指出，品牌资产包括品牌忠诚度、品牌知名度、感知质量和品牌联想等要素。在土特产的品牌营销中，应当注重品牌文化价值和情感价值的塑造，通过情感营销、文化营销等策略，赋予土特产更多的附加价值。

例如，宁夏枸杞作为地方特色农产品，在品牌塑造过程中，不仅强调其"宁夏特产"的身份，还将其与健康养生、长寿等概念相结合，提升了品牌的文化价值和情感联结。通过广告和媒体传播，将枸杞与"养生"这一现代消费潮流紧密结合，使消费者在购买枸杞时，能够将其视为一种健康生活方式的体现，而不仅仅是普通的农产品。这种文化和情感价值的塑造，使得品牌能够在市场中脱颖而出，并吸引特定消费群体，从而提高品牌的溢价能力。

同时，文化与情感价值的塑造可以借助故事营销（Storytelling）等手段，通过讲述品牌背后的历史故事、生产者的奋斗历程以及地方特色文化的传承等，引发消费者的情感共鸣。例如，茅台酒的品牌故事中蕴含着红色文化和历史记忆，它不仅是高端白酒的象征，更是历史与文化传承的象征。这种品牌文化价值的传递能够极大提升消费者对品牌的认同感和忠诚度，从而形成独特的品牌竞争力。

（3）扩大市场影响力：从区域市场到全国市场的扩展

品牌营销能够有效扩大土特产的市场影响力，将其从区域市场推向更广阔的全国甚至国际市场。土特产通常具有强烈的地域属性，品牌营销可以通过跨区域传播和多渠道推广，消除地域限制，实现品牌影响力的扩展。品牌传播策略应根据土特产的具体特点和目标市场需求，采取多样化的传播方式，如传统媒体广告、新媒体推广、展会营销、社交媒体互动等。

在品牌传播过程中，线上线下融合的营销模式成为推动品牌扩展的重要手段。通过社交媒体平台的传播，可以将品牌形象与文化价值有效传递给消费者；而通过线下的品牌推广活动，如土特产博览会、农业展销会等，可以提高品牌的曝光率和消费者的信任度。此外，品牌的跨界合作也是扩大市场影响力的重要策略。例如，福建武夷岩茶与多个高端酒店品牌和茶文化机构合作，共同推广岩茶文化，使其品牌形象逐步从地方性品牌提升为全国性乃至国际性的高端茶叶品牌。

（4）提高产品溢价能力：打造高端品牌与市场定位

强大的品牌不仅能够提升产品的知名度和市场影响力，还能够提升产品的溢价能力。品牌溢价能力的提升主要依靠品牌的高端化定位和市场细分策略。通过品牌定位和市场细分，可以将土特产与其他同类产品区隔开来，形成独特的市场定位和消费者心智定位。强大的品牌形象和高端定位能够支撑更高的价格水平，从而提升产品的盈利能力。

以西湖龙井茶为例，西湖龙井在市场上被定位为"高端名茶"，通过品牌的不断塑造和传播，使其在消费者心中成为优质茶叶的代名词。西湖龙井的价格水平远高于市场上其他普通绿茶产品，其品牌溢价不仅体现在茶叶品质上，更体现在其独特的文化价值、品牌声誉和市场定位上。因此，在土特产品牌营销中，应当注重品牌的高端化定位，合理进行市场细分，以提升品牌的溢价能力和市场竞争力。

（5）建立品牌忠诚度：维护品牌声誉与持续发展

品牌忠诚度是品牌资产的重要组成部分，是维系消费者长期购买和品牌持续发展的关键。品牌忠诚度的建立依赖于产品质量的稳定性、品牌服务的可靠性以及品牌与消费者之间情感联系的建立。在土特产的品牌营销中，应当通过严格的质量管理和品牌维护，确保产品质量的一致性和稳定性。同时，还要注重品牌声誉的维护，及时回应市场和消费者的反馈，处理品牌危机，避免因产品质量问题或市场行为不当而损害品牌声誉。

例如,某些土特产品牌在市场推广中过度宣传产品功效或产地来源,一旦被媒体或消费者揭露,品牌声誉将受到严重打击,从而影响品牌的长远发展。因此,在品牌营销中,应当采取真实、透明的营销策略,避免虚假宣传,并通过建立与消费者之间的情感纽带,提升消费者对品牌的忠诚度,从而确保品牌的可持续发展。

综上所述,品牌营销对于土特产的市场化和品牌化发展具有重要意义。通过品牌营销,土特产能够在市场中真正"特"起来、"火"起来。品牌的成功塑造不仅能够提升产品的辨识度和市场影响力,还能够增加产品的附加值,扩大市场覆盖面,提高品牌的溢价能力,并最终推动土特产产业的高质量发展。未来的研究应当进一步探讨如何将品牌营销策略与现代传播技术、文化传播手段以及消费者行为学相结合,打造更加符合市场需求和消费者偏好的土特产品牌营销模式,为土特产产业的发展提供更加科学、系统的理论支持与实践指导。

3. 政府支持的重要作用

政府在推动土特产产业发展过程中扮演着不可或缺的角色,其作用不仅体现在政策的引导和支持上,还包括基础设施建设、市场推广和品牌保护等多个方面。政府的系统性牵引能够从多维度为土特产产业的发展提供必要的外部支持和发展环境,促使土特产从地方性、分散化的小规模经营模式向系统化、产业化、品牌化的现代农业发展模式转型。正如 Porter 1990 年在其国家竞争优势理论中所指出的,政府政策在产业竞争力形成过程中具有战略性影响,是塑造产业发展环境、提升产业竞争力的重要力量。

(1)基础设施建设:夯实产业发展的物质基础

基础设施的完善是推动土特产产业发展的先决条件和重要保障。许多土特产由于生产地点相对偏远、交通不便,导致运输成本较高,物流效率较低,从而限制了土特产产品的市场推广和流通。政府通过改善交通条件、完善物流设施,可以显著降低土特产的运输和流通成本,提升其市场竞争力。例如,近年来中国政府在许多农业大省实施了农村公路建设和村级道路改造工程,大大改善了土特产的运输环境。

以云南普洱茶产业为例,过去由于交通不便,普洱茶的运输和销售受到很大限制,导致其在全国市场中的影响力不强。近年来,当地政府通过实施"农村交通提升工程"和"茶叶物流园区建设",大幅提升了普洱茶的物流效率，使得其销售半径和市场影响力显著扩大。此外，政府还大力推动冷链物流基础设施建设，保障易腐土特产在运输过程中品质不受影响，这不仅减少了产品在流通环节的损耗，还提高了土特产产品的市场流通能力和市场竞争力。

(2) 政策支持：构建良好的发展环境

政府政策在土特产产业发展中具有导向性作用，通过合理的产业发展规划、政策激励和行政引导，可以为土特产的生产和销售提供良好的外部环境。近年来，中央及地方政府通过制定特色农业发展规划、设立专项资金、提供税收优惠等方式，极大地促进了土特产产业的规范化发展。例如，国家"十四五"规划中明确指出，要大力发展现代农业和特色农业，培育壮大具有地方特色的农业产业。这为土特产产业的发展指明了方向，并通过一系列政策支持和配套措施，为产业链的完善和市场的扩展提供了有力保障。

具体而言，政府可以通过设立农业专项基金和产业扶持政策，对土特产生产企业进行资金补助和贷款支持，从而缓解企业在生产和市场开拓过程中面临的资金压力。此外，税收优惠政策也是政府支持土特产产业的重要手段之一。通过减免农业企业的增值税、所得税等，可以进一步减轻企业的税负，提高其盈利能力。例如，某些地区针对农产品深加工企业的税收减免政策，使得企业可以将更多资金投入产品研发和市场推广中，从而提升产品的市场竞争力。

(3) 品牌保护：维护产业发展的合法权益

品牌保护是土特产产业发展中的关键一环。由于土特产具有较强的地域属性和品牌依赖性，一旦市场上出现假冒伪劣产品，不仅会损害消费者权益，还会严重损害土特产品牌的市场声誉和经济效益。因此，政府应通过加强地理标志保护、打击市场假冒伪劣产品、建立品牌保护机制等方式，维护土特产品牌的合法权益。

地理标志保护制度（GI）是保护土特产品牌的重要制度。通过地理标志的注册和使用，可以有效防止外地企业或个人对土特产品牌的侵权行为，维护土特产的品牌声誉。例如，四川眉山的"东坡泡菜"通过地理标志保护制度，将泡菜生产与眉山的地理环境、生产工艺相结合，使其成为具有地域特色的品牌。地理标志保护不仅提升了"东坡泡菜"的市场竞争力，还有效防止了外地仿制品的侵入，维护了当地企业和农户的经济利益。

此外，政府还可以通过设立知识产权保护机构、开展市场监管行动等方式，打击市场上假冒伪劣产品和侵权行为，维护土特产市场的健康发展。例如，农业农村部和国家市场监督管理总局定期联合开展农产品质量安全专项检查和打假行动，对违法生产和销售土特产的行为进行严厉打击，从而保障了土特产市场的规范性和诚信度。

（4）技术创新支持：推动产业升级与科技含量提升

技术创新是推动土特产产业发展的核心动力之一。政府可以通过鼓励产学研合作、设立科研专项资金、引导科技成果转化等方式，推动土特产产业的技术进步和科技含量提升。例如，政府可以引导农业科研机构与土特产生产企业进行合作，开展新品种选育、病虫害防治、产品加工技术改进等研究，从而提升土特产的生产效率和产品质量。

以福建柑橘产业为例，当地政府通过设立"柑橘产业技术创新中心"，推动高校、科研机构与企业联合开展柑橘品种改良和栽培技术研究，显著提高了柑橘的产量和品质。这种产学研合作模式不仅提升了土特产的科技含量，还推动了科技成果的产业化应用，使得柑橘产品在市场上获得了更高的认可度和竞争力。

（5）市场推广：提升产品知名度与市场份额

政府在推动土特产市场推广方面可以发挥积极作用，通过组织展销会、推介会、博览会等活动，帮助土特产产品拓展市场。地方政府可以通过举办各种农业博览会、特色农产品展销会、推介会等活动，向全国乃至全球推广当地土特产。例如，广西壮族自治区每年举办的"广西土特产博览会"，吸引了来自全国各地的经销商和采购商前来洽谈和采购，有效扩大了广西土特产的市场知名度和销售渠道。

同时，政府还可以通过对外贸易政策的支持，将土特产推广至国际市场。近年来，许多地方政府通过"走出去"战略，积极推动本地土特产参加国际农产品博览会和展销会，提升土特产的国际知名度和影响力。例如，山东省通过与共建"一带一路"国家开展农业合作，将当地的苹果、梨等特色水果成功推广至东南亚和中东地区，不仅扩大了产品的国际市场份额，还提升了土特产的国际品牌价值。

综上所述，政府在土特产产业发展中的支持作用是多层次、多维度的。这种支持不仅体现在基础设施和政策引导上，还包括品牌保护、技术创新和市场推广等方面。政府通过政策和资源的引导与支持，可以有效提升土特产的市场竞争力和品牌影响力，为土特产产业的可持续发展提供坚实的保障和动力。未来研究应进一步探讨如何优化政府支持措施，提升政策实施的有效性和针对性，推动土特产产业在现代农业体系中实现高质量发展。

（三）产量曲线的变化

产量曲线是衡量土特产产业发展成效的重要指标之一，其变化通常反映了土特产在生产、加工、流通和销售环节中的综合发展水平。随着技术创新的引入、规模化生产模式的推广、产业链整合的实施以及市场营销策略的优化，土特产的产量曲线呈现出持续上升和结构性优化的趋势。具体来看，土特产的产量曲线变化可以从以下四个方面进行分析：产量增加、质量提升、效率提高和市场扩大。

1. 产量增加：技术创新与规模化生产的双重驱动

产量的增加通常是土特产产业发展中的首要目标之一。通过引入现代农业科技和规模化生产模式，土特产的单位面积产量和总产量得到了显著提升。现代农业技术，如精准农业、节水灌溉、病虫害防治技术等的应用，使得土特产生产的产出效率大幅提升。例如，云南茶产业通过引进现代化的种植和灌溉技术，将单位面积茶叶产量提高了30%以上，整体产量呈现出快速增长的趋势。

此外，规模化生产模式的推广使得土特产的产量进一步提升。传统土特产生产往往以家庭小农生产为主，生产规模较小，生产效率较低。近年来，随着土地流转制度的实施和农业合作社的推广，土特产逐渐向规模化和集约化生产转型。以安徽黄山的毛峰茶为例，当地通过组建茶叶生产合作社，将零散的农户整合起来，形成规模化生产基地，产量迅速提升。这种规模化生产模式不仅提高了土特产的产量，还优化了资源配置，提升了产业整体的生产能力。

2. 质量提升：标准化生产与严格质量管控

质量提升是土特产产业实现可持续发展的关键要素之一。通过标准化生产和严格的质量管控体系，土特产的产品质量更加稳定和优异。土特产生产往往依赖于特定的自然条件和传统工艺，而传统的生产模式容易受到环境、季节和人为因素的影响，导致产品质量波动较大。因此，推动土特产生产的标准化和规范化，是提高产品质量、稳定市场竞争力的有效途径。

近年来，政府和企业通过制定土特产产品的生产标准和质量检测规范，促进了土特产的质量提升。例如，中国地理标志产品"龙井茶"通过实施生产过程标准化管理和质量追溯体系，有效控制了茶叶生产过程中可能出现的品质差异，确保了每批茶叶的质量稳定性。与此同时，企业通过引进先进的质量检测设备和技术手段，如色谱分析、微生物检测、残留物检测等，提高了产品的检测水平，保障了产品的安全性和优良品质。

在质量提升过程中，品牌认证和质量标识也发挥了重要作用。通过地理标志认证、绿色食品认证、有机食品认证等质量标识，土特产的质量得到了更权威的背书，消费者对土特产品牌的信任度和认可度大幅提高。这种品牌效应不仅提升了土特产的市场形象，还增加了产品的溢价能力，使得土特产能够在市场中占据更加有利的竞争地位。

3. 效率提高：产业链整合与流程优化

土特产的生产效率提升主要得益于产业链整合和生产流程优化。通过将生产、加工、物流、销售等环节进行系统化整合，可以有效减少生产过程中各环节的时间浪费和资源消耗，从而提升整体的生产效率。产业链整合通常表现为纵向和横向的联合与协作，即通过上下游企业的联动，形成完整的产业链条，提升各环节之间的协同效应。

例如，浙江的山核桃产业通过实施产业链整合，将核桃种植、加工、包装、物流和销售环节进行了有效整合。通过建立统一的种植标准和加工流程，并引入现代化的物流体系，企业能够在短时间内将新鲜山核桃从种植基地运输到全国各地的市场和超市。由于各环节的衔接更加紧密，整体生产效率得到了显著提升，产品从采摘到上市的时间缩短了30%以上，极大地提升了市场供应能力。

流程优化也是提升土特产生产效率的重要策略之一。通过引入自动化生产线和信息化管理系统，可以大幅减少人力和时间成本。例如，某些大型果蔬加工企业通过引入自动化分拣设备和冷链仓储系统，不仅提高了产品分拣的准确性和速度，还有效保障了产品在储存和运输过程中的质量。信息化管理系统的应用能够实时监测生产过程中的各项数据，及时调整生产策略，从而进一步提高生产效率。

4. 市场扩大：品牌营销与市场开拓

土特产的市场扩大不仅体现在产品销量的增长上，还体现在市场覆盖范围的扩展和市场结构的优化。传统土特产市场通常以地方市场为主，市场半径较小，品牌影响力局限于局部地区。随着品牌营销和市场推广策略的实施，土特产逐步走向全国乃至国际市场，市场结构得到了显著优化。

通过品牌营销策略的实施，土特产的品牌形象得到了有效传播，产品影响力不断扩大。例如，贵州的刺梨产业通过开展线上线下相结合的品牌推广活动，将刺梨产品推广至全国市场。通过电子商务平台、社交媒体推广以及各类品牌展销活动，贵州刺梨从地方性品牌逐渐发展为全国性的健康食品品牌，市场覆盖范围和消费者认知度显著提升。

此外，政府和企业的市场开拓策略也推动了土特产市场的扩大。政府通过组织土特产博览会、推介会、招商引资活动等形式，为土特产企业搭建了对接市场和拓展商机的平台。例如，海南的热带水果产业通过"海南特色农产品博览会"，成功吸引了国内外众多经销商和零售商的关注，大幅提升了产品的市场份额。企业则通过渠道拓展和品牌合作，进一步扩大了市场覆盖面和市场影响力，如与大型连锁超市、电商平台、国际采购商建立长期合作关系，提升了产品的市场竞争力和销售额。

综上所述，土特产产业的产量曲线变化反映了其在生产、质量、效率和市场四个方面的综合提升。通过技术创新和规模化生产，土特产的产量得到显著提升；通过标准化生产和质量管控，产品质量更加稳定和优异；通过产业链整合和流程优化，生产效率得到提升；通过品牌营销和市场开拓，土特产的市场范围得到扩大，市场结构得到优化。这些因素的综合作用使得土特产产业在现代农业体系中实现了高质量发展，为我国农业经济的持续增长提供了坚实支撑。未来研究应进一步探讨如何通过深化产业链整合和创新营销策略，持续推动土特产的产量增长和市场扩展，从而实现更高层次的产业发展与经济效益。

总之，独特资源和品牌营销是土特产发展的两大支柱，而政府的系统性支持则为其发展提供了强大动力。通过这三者的有机结合，土特产产业有望实现质的飞跃，成为推动区域经济发展的重要力量。

四、结 论

在推动土特产产业高质量发展的进程中，需要聚焦三个关键发力点，以实现产业的可持续增长和乡村振兴的战略目标。这三个发力点相互关联、相互支撑，共同构成了土特产产业发展的战略框架。

第一，以"县域"土特产为基础，壮大县域富民产业。

第二，以市场选择为准绳，发挥市场在资源配置中的决定性作用。

第三，促使政府支持向基础性、公益性和长远重大项目的成效机制发展。

第一章 概　述

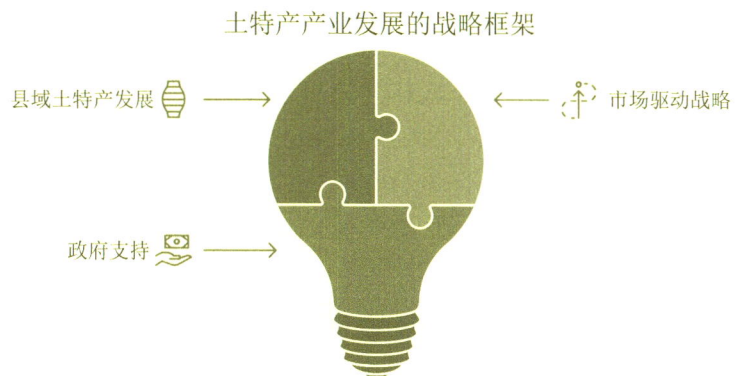

　　土特产产业的发展是一个系统工程，需要县域、市场和政府三方面的协同努力。通过以县域为基础夯实产业根基，以市场为导向优化资源配置，以政府为支撑提供长效保障，我们有信心推动土特产产业实现高质量发展，为乡村振兴和农业农村现代化作出重要贡献。在这个过程中，需要不断创新思路、完善机制，以适应不断变化的经济社会环境，确保土特产产业始终保持旺盛的生命力和竞争力。

第二章 现代农业经营体系的构建

第一节 现代农业经营体系的内涵与土特产

现代农业经营体系的内涵不仅是对传统农业生产方式的改进与延伸,更是对农业生产与市场、科技、环境、政策等多维度关系的综合管理和优化。它以农业生产为核心,通过合理的组织、管理和服务,形成了一个高度综合化、系统化的农业经营模式。现代农业经营体系在全球农业竞争加剧和资源环境约束日益显著的背景下,承担着推动农业转型升级、提升农业综合效益和实现农业可持续发展的重任。因此,从系统性、科技驱动、市场导向、可持续发展和综合服务等方面深入理解现代农业经营体系的内涵,对其未来的发展和优化具有重要意义。

值得注意的是,现代农业经营体系在提升农业整体竞争力的同时,也为土特产的发展提供了新的契机和广阔的空间。土特产作为一种具有鲜明地域特色和文化内涵的农特产品,其生产和销售不仅依赖于特定的自然环境和人文背景,更需要融入现代农业经营体系的框架中,借助其系统化和市场导向的优势,实现自身的产业升级与市场拓展。在现代农业经营体系的推动下,土特产从传统的粗放型生产模式逐渐转向标准化、规模化和品牌化的发展方向,通过引入科技手段和现代化管理模式,不仅提升了产品质量和附加值,还促进了土特产在国内外市场的知名度与认可度。

第一,现代农业经营体系具有高度的系统性,它整合了农业生产、加工、流通和销售等多个环节,形成了一个贯穿"从田间到餐桌"的完整产业链条。这种系统性在土特产产业中尤为重要,因为土特产通常以初级农产品或简单加工品的形式存在,难以形成长久的市场竞争力。现代农业经营体系通过整合各个环节资源,提升了生产、加工和销售环节之间的协同效率,为土特产的产业链延伸提供了有力支持。例如,土特产生产的标准化和规范化,可以借助现代农业经营体系中精准农业的技术优势,在种植和养殖环节应用物联网和大数据技术，实现从种植到收割的全程监控和管理，从而提升生产环节的效率和产品质量。与此同时，加工环节引入先进的加工设备和工艺，不仅可以将初级农产品转化为高附加值的加工品，还能够通过包装设计和产品加工提升产品的文化附加值。这种系统化的管理模式不仅适用于一般的农业生产，更在土特产的品牌打造和市场推广中发挥了重要作用，为土特产的发展注入了新的活力。

第二，科技驱动是现代农业经营体系的重要特征之一。科技的引入不仅改变了农业的生产方式，还提升了农业整体效能和可持续性，这对土特产的发展同样具有重要的推动作用。传统的土特产生产依赖于当地的自然资源和人工操作，产量和质量都受制于自然条件和生产者的技术水平。而现代农业技术的引入，如基因编辑技术和生物育种技术，可以通过提升作物的抗病性和适应性，提高土特产作物的产量和品质。此外，智能化农业机械设备的应用，如无人机喷洒、自动化收割设备等，不仅提升了生产环节的效率，还能够在不同环境条件下保持生产的稳定性，显著降低了自然条件对生产的影响。科技手段在土特产生产中的广泛应用，使得土特产能够在标准化、规模化和稳定性上得到显著提升，从而在市场竞争中更具优势。

第三，数字农业和智能农业的发展为土特产产业的市场化和品牌化提供了重要支持。通过物联网和大数据技术，可以实现土特产从生产到销售的全程数据化管理。这不仅可以提高生产环节的精细化程度，还能够为市场营销和品牌推广提供数据支持。例如，通过对市场数据的分析，企业可以更好地了解消费者的偏好和需求，精准调整土特产的生产结构和产品类型，从而提升产品的市场竞争力。物联网技术还可以将土特产的生产过程与品牌故事相结合，实现从种植到收割再到加工和销售的全程追溯，提升消费者对产品的信任度和品牌认同感。

第四，现代农业经营体系中的市场导向经营理念能够有效引导土特产产业的发展方向。与传统的生产导向型农业不同，现代农业经营体系以市场需求为导向，通过动态调整生产结构和产品种类，满足消费者的多样化需求。这对土特产产业尤为重要，因为土特产通常具有较强的地域依赖性和市场局限性，在传统农业体系中往往难以突破区域市场的限制。而现代农业经营体系的市场导向理念，可以通过品牌建设、跨区域营销和创新营销策略，帮助土特产突破地域限制，提升品牌影响力。通过线上线下渠道的结合、社交媒体的推广、品牌跨界合作等手段，土特产能够快速适应市场环境的变化，从而在激烈的市场竞争中脱颖而出。例如，某些土特产通过与电商平台合作，借助平台的广泛覆盖和精准营销，成功将产品推广至全国乃至全球市场，大幅提升了销售额和品牌知名度。

第五，现代农业经营体系还特别强调可持续发展理念，这对土特产产业的长期发展具有重要意义。可持续发展要求在追求经济效益的同时，兼顾社会效益和生态效益。土特产的生产往往依赖于当地独特的自然环境，因此在生产过程中更需要考虑生态保护和资源的可持续利用。通过推广生态农业、减少化肥和农药的使用，实施科学的水资源管理和土壤保护措施，土特产产业可以实现生态效益与经济效益的平衡，推动土特产的可持续发展。例如，在一些土特产产区，通过发展有机种植和生态养殖，不仅保护了当地的生态环境，还提升了产品的市场价值，为土特产品牌增添了绿色和生态的附加值。

第六，现代农业经营体系中的综合服务体系为土特产产业的发展提供了全方位的支持。包括技术服务、信息服务、金融服务在内的综合服务体系，可以帮助土特产生产者在生产和经营过程中解决实际问题，提高生产效率和市场竞争力。例如，技术服务可以为农户提供专业的生产技术指导，帮助他们掌握现代农业技术，提高生产水平；信息服务可以为土特产生产者提供市场信息、气象信息和生产技术信息，帮助其做出科学的生产决策；金融服务则通过农业贷款、农业保险等方式，为土特产产业的发展提供资金支持，降低生产者在生产和市场中的风险。这些综合服务的提供，有助于土特产产业更好地融入现代农业经营体系，实现高效益、低风险的可持续发展。

总体来看，现代农业经营体系不仅是农业生产方式的变革，更是农业与市场、科技、环境、政策等多方力量相互作用、深度融合的结果。土特产产业作为现代农业经营体系中的重要组成部分，通过系统性的组织管理、科技驱动的发展模式、市场导向的经营策略和可持续发展的理念，可以在现代农业经营体系中获得更大的发展空间和更高的市场地位。未来，应继续在现代农业经营体系的研究与实践中不断创新发展模式，优化资源配置，推动土特产产业的高质量发展和可持续进步，从而实现农业整体的现代化转型和乡村振兴战略的全面实施。

第二章 现代农业经营体系的构建

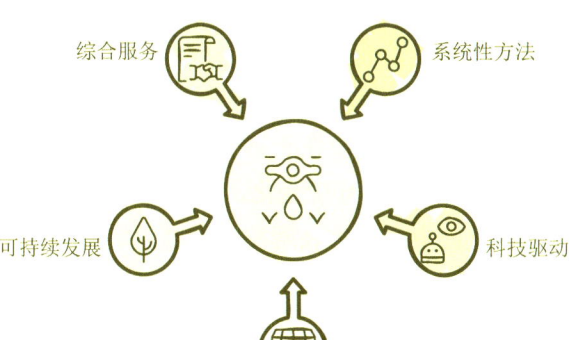

第二节 现代农业经营体系对土特产的重要性

　　现代农业经营体系的构建与发展对提升农业生产力、促进农村经济发展和实现农业可持续发展具有极为重要的战略意义。这一体系不仅代表了农业生产方式的全面升级，还深刻影响着农村经济的增长模式和农业产业链的优化。在现代科技进步和市场需求变化的双重推动下，现代农业经营体系已成为实现农业现代化和乡村振兴的重要抓手。同时，现代农业经营体系与土特产产业的发展密切相关，二者的有机结合能够有效推动特色农业的高质量发展，为土特产产业的现代化转型和市场化拓展注入强劲动力。因此，从提升农业生产效率、促进农村经济发展、增强市场竞争力、实现可持续发展以及推动农业与其他产业融合等方面深入探讨现代农业经营体系的重要性，不仅能够揭示其深层次内涵，还能够为未来农业发展的策略制定提供重要依据。

　　首先，现代农业经营体系通过科技应用和资源配置的优化，大幅度提升了农业生产效率。这一生产效率的提升不仅体现在普通农作物的生产上，对土特产产业的现代化发展也具有重要推动作用。传统的土特产生产方式通常依赖于自然条件和经验性生产，难以形成稳定的产量和品质。而现代农业经营体系通过引入智能化设备、精准农业技术和信息化管理手段，使土特产生产的各个环节得以精细化管理和智能化监控。例如，在土特产种植中应用精准农业技术，可以实时监测土壤养分、环境温湿度等数据，帮助生产者科学安排施肥、灌溉和病虫害防治，不仅显著提升了土特产的产量和质量，还减少了化肥和农药的使用，从而降低了生产成本和环境污染。这种科技驱动下的生产效率提升，彻底改变了传统土特产生产对自然条件的依赖，为土特产的规模化生产和市场化推广奠定了坚实基础。

智能化设备和信息化管理系统在土特产产业中的应用，使得土特产生产能够更加快速地响应市场需求和环境变化，生产决策更加科学和高效。例如，在土特产种植和加工过程中引入物联网技术，可以对整个生产过程进行全程监控，实现从种植到收获的全程追溯，确保产品的质量和安全性。这种现代化管理模式不仅提高了土特产的生产效率，还显著提升了其在市场中的竞争力和品牌价值。此外，通过资源配置的优化，现代农业经营体系能够实现土地、水源和劳动力等资源的最优利用，在土特产生产的各个环节降低资源浪费，从而提高生产效益。这种资源配置的优化不仅体现在农业生产的前端环节，还延伸至整个农业生产的管理和控制中。例如，在土特产的深加工环节，借助现代化的加工设备和工艺，可以将初级农产品转化为具有更高附加值的加工品，从而提升土特产的市场竞争力和整体效益。

其次，现代农业经营体系在促进农村经济发展中发挥着不可替代的重要作用。现代农业不再局限于简单的农产品生产，而是包括初级生产、深加工、品牌营销、市场推广等多环节的系统化产业体系。通过现代农业经营体系的构建，可以有效提升农业产业的附加值，增加农民收入水平，推动农村经济的多元化发展。这对于土特产产业尤为重要。传统土特产生产由于规模小、管理水平低，往往缺乏品牌意识和市场竞争力，难以实现经济效益的最大化。现代农业经营体系通过引入先进的生产技术和管理模式，使得土特产生产能够更加系统化、标准化和规模化，从而提升产品的市场竞争力。例如，某些地区通过发展特色农业，充分利用当地的资源禀赋和自然条件，生产出具有地方特色和文化内涵的土特产产品，为农民提供了多样化的增收途径。特色农业的发展使得农民能够依托土特产的生产和销售，摆脱单纯依靠传统粮食作物生产的局限，实现经济独立和收入增长。同时，土特产产业与现代农业经营体系的有机结合推动了乡村经济结构的优化和产业的升级转型，为乡村振兴战略的实施提供了强有力的支撑。

现代农业经营体系还能够增强土特产的市场竞争力，使其生产和销售能够更好地适应市场需求的变化。与传统的生产导向型农业不同，现代农业体系强调市场导向的经营理念，要求农业生产和经营活动紧密围绕市场需求展开，以市场需求为驱动，灵活调整生产结构和产品种类，满足消费者的多样化需求。例如，通过对市场数据的实时分析，土特产生产者能够准确预测未来的市场需求趋势，从而提前安排生产计划，避免因供过于求而导致的农产品滞销。同时，品牌建设和营销策略的优化也进一步提升了土特产产品的市场竞争力。现代农业经营体系非常重视品牌的培育和推广，通过提升产品质量、优化品牌形象和实施多样化的营销策略，使土特产在市场上具有更高的辨识度和美誉度。品牌的成功塑造不仅能够提升产品的市场占有率，还能够为农民和企业带来更高的经济回报。

同时，现代农业经营体系的构建对实现农业的可持续发展具有重要意义。现代农业经营体系不仅追求经济效益的提升，还兼顾社会效益和生态效益的实现。对于土特产而言，可持续发展理念尤为重要，因为土特产的生产往往依赖于特定的生态环境和资源禀赋。为了保持土特产的独特性和品质，现代农业经营体系在土特产生产中引入了生态农业、循环农业和有机种植等环境友好的生产技术和管理模式。例如，通过减少化肥和农药的使用，实施科学的水资源管理和土壤保护措施，土特产产业能够有效保护生态环境，提升产品的生态附加值和市场竞争力。此外，现代农业经营体系还关注社会责任的履行，通过提高农民的收入和生活水平，改善农村公共服务设施，推动农村地区的全面发展。这种经济、社会、生态"三位一体"的发展模式，使得土特产产业能够在实现经济增长的同时，保持社会和谐和环境友好，从而实现长远的可持续发展目标。

现代农业经营体系还通过农业与其他产业的深度融合，促进了土特产产业链的延伸和城乡一体化发展。将农业与加工、物流、旅游、文化等产业相结合，可以有效提升土特产产业的附加值。例如，某些地区通过发展农业观光、农业体验和农业科普等新兴业态，将土特产生产转化为具有吸引力的旅游产品，不仅大幅提升了土特产的市场知名度，还极大地带动了当地经济的发展。这种产业链的延伸和产业间的融合，为土特产的现代化和市场化发展提供了新的动力。

综上所述，现代农业经营体系在提升农业生产效率、促进农村经济发展、增强市场竞争力、实现可持续发展以及推动农业与其他产业的融合等方面发挥着至关重要的作用。其系统性、科技驱动性、市场导向性和可持续发展的特征，使得现代农业经营体系能够有效推动土特产产业的现代化、标准化和品牌化发展，为其在激烈的市场竞争中占据有利地位提供了重要保障。理解和重视现代农业经营体系对土特产产业的重要性，不仅能够揭示土特产产业在现代农业中的发展路径，还能够为推动我国农业现代化和乡村振兴战略的实施提供理论依据和实践指导。未来的研究应进一步探索如何通过现代农业经营体系的优化和创新，实现土特产产业的高质量发展和长远可持续增长。

现代农业经营体系的组成部分

第三节 现代农业经营体系的主要组成部分与土特产的联系

现代农业经营体系是一个复杂而系统的综合性发展模式，其主要组成部分涵盖了农业生产、加工、流通、销售、服务以及政策与管理等多个环节。这些环节之间的有机结合和协同发展，共同推动了农业的高效生产和可持续发展，并为农业产业链的延伸和市场竞争力的提升提供了强有力的支持。在这一体系中，土特产作为具有鲜明地域特色和文化内涵的农业产品，能够在现代农业经营体系的各个环节中充分发挥其独特优势，实现从生产到销售的全链条提升与价值增值。因此，将土特产纳入现代农业经营体系，不仅有助于土特产产业的现代化发展，也能够进一步丰富农业产业体系，提升农业整体的经济效益和社会效益。

首先，在农业生产环节，土特产的发展受益于现代农业生产技术的广泛应用和农业生产基地的科学规划。传统的土特产生产模式多依赖自然条件和经验性种植，往往难以形成稳定的产量和产品质量。而现代农业生产环节的核心在于通过科学规划和合理布局，实现土地、劳动力、水源等资源的最优配置，从而提高农业生产的效率和质量。通过引入精准农业技术，如智能化灌溉系统、无人机植保、作物生长环境监控等技术，可以实现对土特产种植过程的精细化管理。例如，某些地方特色果蔬和药材的种植，可以借助精准农业设备对土壤养分、温湿度、病虫害等进行实时监测和调控，从而确保作物的生长环境处于最佳状态，提升土特产的产量和品质。此外，现代农业生产基地的建设为土特产的规模化和集约化发展提供了基础条件。在农业生产基地中，通过合理的种植模式和先进的种植技术，可以实现土特产从传统种植向设施农业、生态种植的转型，提升土特产生产的可持续性和资源利用效率。这不仅能够有效保障土特产的生产能力，还能够在市场中树立土特产产品绿色、有机、生态的优质形象，从而进一步提升其市场竞争力。

其次，加工环节是现代农业经营体系中实现农产品附加值提升的重要环节，对土特产的发展同样具有关键作用。土特产产品由于其地域特色和文化内涵，常常具备较高的市场认知度，但若仅以初级产品的形式进入市场，难以充分发挥其经济价值。而现代农业经营体系通过引入初加工与深加工技术，可以有效提升土特产的附加值。例如，在初加工环节，通过对原材料进行分级、清洗、包装等处理，可以延长土特产的保质期，提升其市场竞争力和流通性；而在深加工环节，则可以将土特产原材料转化为具有更高经济价值的加工品，如将水果加工成果汁、果酱，将茶叶制成茶饮料和茶多酚提取物等。通过产业链的延伸与升级，土特产不仅能够摆脱传统农产品附加值低的局限，还能够吸引更多社会资本和企业资源参与到土特产的生产与加工中，形成具有地方特色的土特产产业集群。此外，土特产在深加工环节中的文化价值挖掘和品牌故事塑造，也能够通过产品包装、品牌推广等方式，为土特产注入更多文化内涵，增强产品在消费者心中的吸引力与认可度。

在流通环节，现代农业经营体系通过建设高效的物流体系、优化供应链管理，显著提升了农产品从生产到消费的流通效率。这对土特产产品的市场化推广和区域品牌塑造具有重要意义。由于土特产通常具有较强的地域依赖性和季节性，若缺乏高效的物流体系支持，很难将其优势产品推广至更大市场，导致市场范围局限、品牌影响力有限。因此，通过现代农业经营体系中的冷链物流设施、电子商务平台和市场信息系统，可以有效解决土特产在流通环节中面临的瓶颈问题。例如，通过建立完善的冷链物流体系，可以在运输过程中保持土特产产品的最佳品质和新鲜度，延长产品的货架期，降低运输损耗；通过电子商务平台和信息系统，土特产生产者和经营者可以实时获取市场动态和消费者需求，精准调整生产和销售策略，从而提高产品的市场覆盖面和销售额。某些地区的土特产通过电子商务平台的推广,成功实现了从地方性农产品向全国市场的跨越,显著提升了产品的市场知名度和销量。

销售环节中,土特产依托现代农业经营体系的多元化销售渠道,如传统的农贸市场、超市连锁销售网络、社区店等,以及新兴的电子商务平台和直播带货形式,可以在最大程度上满足不同消费者的需求,提升市场反应能力和销售水平。通过线上线下的有机结合,土特产能够有效打破地域限制,进入更广阔的市场空间。例如,在"双十一"电商促销活动中,某些地方特色土特产通过与电商平台的合作,借助社交媒体和直播带货形式,将产品推向全国市场,销量在短时间内实现成倍增长。这种销售模式的创新,不仅提升了土特产的市场影响力,还通过精准营销策略扩大了产品的消费者群体,进一步促进了土特产产业的规模化发展和品牌化塑造。

服务环节中的技术服务、金融服务和信息服务,是现代农业经营体系的重要支撑,也是土特产产业发展的保障。技术服务通过农业技术推广、病虫害防治、土壤改良等形式,为土特产生产者提供专业的技术指导和培训,帮助他们提升生产技能和管理水平;金融服务则通过农业贷款、农业保险和农业投资基金等金融工具,为土特产生产和发展提供资金支持,降低融资成本,缓解资金压力;信息服务则涵盖了市场信息、气象信息、政策信息等多个方面,通过信息服务,土特产生产者能够更好地掌握市场动态和生产环境的变化,从而做出更加科学的生产和经营决策。这些服务的提供,帮助土特产生产者在面对市场风险和环境变化时具备更强的应变能力和抗风险能力,为土特产产业的长期稳定发展提供了坚实的保障。

政策与管理是现代农业经营体系的重要保障机制,同样在土特产产业中扮演着重要角色。政府通过制定相关政策、提供财政补贴和支持科技研发等方式,推动土特产产业的现代化和可持续发展。例如,政府可以通过财政补贴政策,鼓励土特产生产者引进先进的农业技术和设备,提升生产能力和市场竞争力;通过地理标志保护、商标注册等政策手段,规范土特产市场秩序,防止假冒伪劣产品扰乱市场,维护土特产品牌的声誉。此外,通过政策引导,政府还能够推动土特产产业与旅游、文化等产业的深度融合,拓展土特产产品的市场应用和价值增值空间。这些政策措施的实施,不仅提升了土特产产业的整体市场竞争力,还为土特产产业的可持续发展提供了长效机制和制度保障。

综上所述,现代农业经营体系的主要组成部分涵盖了农业生产、加工、流通、销售、服务以及政策与管理等多个环节。这些环节通过彼此间的有机结合和有效协作，不仅推动了农业的高效生产和可持续发展，还为土特产的现代化、标准化和品牌化发展提供了重要支持。在这一体系中，土特产作为现代农业经营体系的重要组成部分，能够充分利用其独特的资源优势和文化内涵，在生产、加工、流通、销售和服务等环节中实现价值提升和市场拓展，进一步提升农业整体的市场竞争力和经济效益。未来研究应继续深入探讨现代农业经营体系各组成部分之间的联动机制，优化体系内部的管理模式，推动土特产产业的高质量发展和现代农业的全面进步。通过现代农业经营体系的不断完善，土特产产业必将在农业现代化进程中发挥更加重要的作用，为乡村振兴和农业高质量发展作出更大贡献。

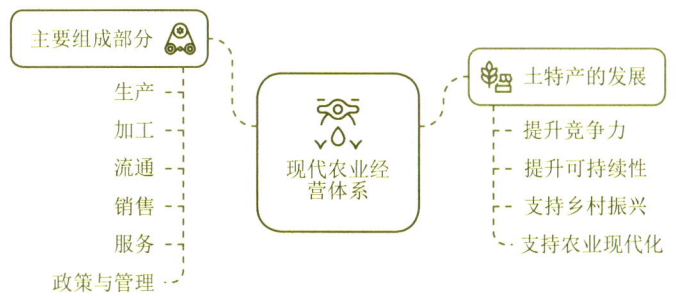

第三章 土特产发展过程中的主体分析

第一节 政　府

政府在发展土特产中扮演着至关重要的角色，具有多重功能。以下是政府在发展土特产中的主要功能。

一、政策制定与引导

政府在推动土特产产业发展中的作用不可忽视。作为政策制定者和引导者，政府不仅通过一系列产业扶持政策为土特产的发展提供了坚实的政策支持和引导，还通过资金补贴、税收优惠、金融服务和社会资本引导等多种手段，为企业和农户在土特产产业中的成长与扩展提供了全方位的帮助。政府的政策制定与引导作用确保了土特产产业的发展目标和方向更加明确，也为整个产业链的规范化、规模化和高效化发展奠定了坚实的基础。在此基础上，政府还通过定期评估和政策优化，不断完善和调整政策措施，以更好地适应市场变化和产业需求，确保政策能够持续有效地推动土特产产业的稳定、健康发展。

政府通过制定产业扶持政策，为土特产产业的发展明确了目标和方向。产业扶持政策是推动土特产产业发展的核心工具之一。通过这些政策，政府可以引导资源有效配置，调动各类生产要素向土特产产业聚集，形成产业发展的合力。例如，政府在制定土特产发展政策时，通常会对某些具有地方特色和市场潜力的土特产项目进行优先扶持，如将某些农产品列为"重点发展对象"或"名优特产品"，并配套相应的政策支持和资源投入。这种政策导向能够引导企业和农民集中力量发展优势产品，从而推动土特产产业整体竞争力的提升。同时，政府在产业扶持政策中还明确了土特产产业发展的重点任务和路径，通过设立发展目标和引导机制，为企业和农户的生产和市场开拓提供了清晰的行动指南。这种具有战略高度的政策引导，不仅为土特产产业的发展奠定了坚实基础，还为产业的长期稳定发展提供了有力保障。

在产业扶持政策的具体落实中，政府不仅在资金和技术方面提供支持，还大力鼓励企业在创新和市场扩展方面进行积极探索。通过设立专项扶持基金和创新研发补贴，政府能够为企业的技术创新和新产品开发提供直接的资金支持，从而推动土特产企业不断提升技术水平和产品质量。例如，政府可以资助企业在新品种培育、深加工技术开发、智能农业设备引进等方面的研发活动，提升土特产的科技含量和市场竞争力。此外，政府还可以通过提供培训和咨询服务，帮助企业提升管理水平、拓展市场渠道，增强企业的综合竞争力和创新能力。这种政策支持不仅能够有效激发企业的创新活力，还能够促进土特产产业在科技创新的带动下实现质量和效益的双提升，为土特产在激烈的市场竞争中脱颖而出提供了坚实保障。

资金补贴政策是政府在推动土特产产业发展中的另一重要手段。通过落实资金补贴政策，政府能够直接减轻企业的运营负担，缓解初期投资和生产扩展过程中可能遇到的资金压力。资金补贴通常以设备购置补贴、技术研发补贴和基础设施建设补贴等多种形式出现，为企业在不同发展阶段提供有针对性的资金支持。例如，某些地方政府为新兴土特产企业提供了设备购置补贴，使企业能够在初期投入较低的情况下快速建立生产线和进入市场，避免了资金紧张所带来的发展瓶颈。这种资金支持不仅能够帮助企业在起步阶段稳健发展，还能够通过降低企业的资金使用成本，提升其在市场中的竞争力。同时，资金补贴政策还能够延伸至整个产业链。政府可以为参与土特产加工、包装、物流等环节的企业提供补贴，鼓励企业在基础设施和技术设备上进行投资，从而提升整个产业链的生产效率和协同效应。这种全链条的资金支持，有助于形成完整的产业生态系统，推动土特产产业的全面发展和系统优化。

税收优惠政策作为政府支持企业发展的重要工具之一，对于提升土特产企业的盈利能力和市场活力具有直接影响。政府通过减免税收，能够在一定程度上降低企业的税负压力，增强企业在市场中的竞争力和盈利空间。例如，政府可以对土特产企业的企业所得税、增值税等进行减免，特别是对于处于发展初期或转型升级阶段的企业，这种税收优惠政策能够极大地缓解其资金压力，促进其快速成长和市场开拓。此外，税收优惠政策还能够激励企业在技术创新和国际市场开拓方面进行积极探索。例如，政府可以对企业的研发投入给予税收抵扣，鼓励企业加大研发力度，提升技术水平；对于出口型土特产企业，政府可以实施出口退税政策，降低企业进入国际市场的成本，提升产品的国际竞争力。这种多层次、多维度的税收优惠政策能够有效促进土特产企业的技术进步和市场扩展，为土特产产业的长远发展提供有力支持。

融资难、融资贵是许多土特产企业在发展中面临的普遍问题。为了帮助企业解决资金短缺的难题，政府通过引导金融机构提供优惠金融服务，拓宽企业的融资渠道，缓解企业的资金压力。政府可以通过政策引导，鼓励银行和金融机构为土特产企业设计专门的金融产品，如低息贷款、政策性贷款等，降低企业的融资成本。此外，政府还可以推动金融机构与地方信用担保机构合作，为土特产企业提供贷款担保，降低贷款风险，提高融资成功率。例如，一些地方政府与银行合作推出了"乡村振兴专项贷款"项目，针对土特产企业的不同发展阶段，提供灵活的贷款期限和还款方式，确保企业在成长过程中始终能够获得充足的资金支持。这种金融服务的政策引导和创新，不仅能够有效缓解企业的融资困境，还能够帮助企业在市场竞争中获得更大的发展空间和更高的竞争力。

政府通过购买社会服务和引导社会资金参与土特产产业发展，有效地提升了产业的服务质量和资金供给水平。通过购买技术推广、品牌建设等社会服务，政府能够为企业提供更加专业的支持服务，帮助企业在生产、管理和市场推广等方面取得更好的发展成效。此外，政府还可以通过设立产业基金、提供投资补贴等方式，吸引社会资本参与到土特产产业中来。例如，政府可以通过政策引导，鼓励私募基金、风险投资等社会资本投向土特产项目，增强产业发展的资金供给。这种社会资本的参与，不仅解决了土特产企业在发展中的资金瓶颈，也带来了先进的管理经验和市场资源，推动了产业的快速发展和模式创新。

最后，政府在政策的制定和实施过程中，通过定期评估和动态优化机制，确保政策的有效性和时效性。政策的制定与实施是一个动态过程，需要根据市场环境的变化和产业发展阶段的不同，及时调整政策措施。政府通过建立政策效果监控机制，定期对土特产扶持政策的实施情况进行评估，能够有效判断政策的实际效果是否达到预期目标。根据评估结果，政府可以灵活调整政策措施，以更好地适应市场需求和产业发展的实际情况。例如，如果某些补贴政策在实施过程中效果不佳，政府可以及时调整补贴对象或提高补贴标准；如果市场环境发生重大变化，政府也可以迅速推出新的扶持政策，以应对可能出现的风险和挑战。这种定期评估和政策优化的机制，能够确保政府在土特产产业发展中的引导作用始终保持有效性和前瞻性。

综上所述，政府通过制定和引导实施相关政策，在推动土特产产业发展中作用至关重要。政府通过资金、技术、人才支持，实施税收优惠和金融服务，购买社会服务和引导社会资金参与，确保了土特产产业的健康发展。同时，通过定期评估和政策优化，政府能够及时应对产业发展中出现的各种挑战，推动土特产产业走上可持续、稳定的增长轨道。未来研究应进一步探讨如何优化政府政策的制定与实施，提高政策效力与针对性，以促进土特产产业在现代农业体系中发挥更大的作用，为乡村振兴和农业现代化提供更加坚实的政策保障。

二、资源整合与协调

在土特产产业发展的过程中，资源的整合与协调是推动产业发展的核心动力。政府作为政策制定者和协调者，能够调动多种资源为土特产产业的发展提供有力支持，并通过有效协调不同部门和地区的合作，打破资源分散和壁垒现象，实现资源的优化配置和共享，从而推动产业的全面发展。政府在资源整合和协调中的作用，不仅体现在财政资金、技术和人才等核心资源的调动上，还体现在区域合作、公共资源共享和跨部门协同管理中的综合性协调功能。这些措施为土特产产业的发展提供了坚实的支撑，提升了资源的使用效率，促进了区域经济的协调发展，并最终推动了土特产产业的高质量发展。

第一，资金资源的整合与优化配置是推动土特产产业发展的关键因素。资金作为农业生产和市场运作的重要保障，直接影响着产业的扩展和升级。政府通过整合各级财政资金、专项资金及其他政策性资金，可以集中力量支持土特产产业的重点项目。例如，政府可以设立土特产产业发展专项基金，将分散的财政资金集中用于高潜力的土特产项目，从而提高资金使用效率，最大化支持产业发展。此外，政府还能够通过政策引导，吸引社会资本参与到土特产产业中。引导基金是其中一种有效的工具。通过设立引导基金，政府可以吸引风险投资、私募股权基金等社会资本进入土特产领域，为企业提供充足的发展资金，补充产业发展的资金来源。这种社会资本的引入，不仅能够缓解企业在发展过程中的资金紧张问题，还能够带来更为丰富的市场资源和管理经验，推动企业在市场中的快速成长与扩展。

在资金整合与配置的过程中，政府还能够通过科学规划和严格监管，确保资金的高效使用。例如，政府可以通过绩效评估体系，对资金使用的效果进行定期监控，分析资金投向是否能够产生预期的经济效益和社会效益。如果发现资金投向项目的实际效果不佳，政府可以通过调整资金投放策略，优化资金的配置结构，确保资金能够集中用于那些能够产生最大效益的项目和环节。这种科学的资金管理机制，不仅提高了资金的使用效率，还能够促进资金在土特产产业中的良性循环和合理配置，为产业的健康发展提供坚实的资金保障。

第二，技术资源的协调与推广是推动土特产产业现代化和高效化发展的关键。技术作为提升生产效率、优化生产流程和提升产品质量的核心要素，在土特产产业的发展中起着不可替代的作用。政府通过协调科研机构、企业和技术服务机构之间的合作，可以有效推动技术创新和技术成果的推广应用。例如，政府可以通过搭建技术对接平台，组织科研机构与土特产企业之间的技术对接会和技术推广活动，帮助科研机构的技术成果与企业的实际需求有效对接，推动技术成果的产业化应用，从而提升土特产产品的科技含量和市场竞争力。此外，政府还可以通过设立技术推广服务中心，向农民和企业推广先进的生产技术和管理方法，提升农民和企业的技术水平。例如，政府可以组织农业技术推广站深入农村，为农民提供实地技术培训和指导，帮助他们掌握先进的种植和养殖技术，提升生产效率和产品质量。这种技术推广服务不仅能够有效缩短技术成果与实际生产之间的距离，还能够通过对技术的广泛普及，提升整个产业的技术水平和综合效益。

为了进一步推动技术创新，政府还可以通过设立创新基金和技术研发专项资金，鼓励企业和科研机构进行技术攻关和新产品开发。例如，政府可以为那些致力于技术研发的土特产企业提供研发资金支持和技术创新奖励，帮助它们突破技术瓶颈，提升技术水平和生产能力。对于拥有核心技术和自主知识产权的企业，政府可以提供知识产权保护和技术转移等政策支持，保障企业在市场竞争中的技术优势。这种技术创新的支持，不仅能够提升土特产产业的技术水平，还能够激发企业在技术研发方面的积极性，推动产业的技术升级和市场竞争力的提升。

第三，人才资源的引进与培养是推动土特产产业发展的重要支撑力量。人才作为产业发展的核心要素，直接决定着产业的创新能力和管理水平。为了推动土特产产业的持续发展，政府可以通过引进高端人才和培养本地人才，为产业发展提供智力支持和人力保障。例如，政府可以通过实施"农村人才引进计划"，吸引高层次技术人才、管理人才和营销人才到农村从事土特产产业的建设与发展。为此，政府可以提供住房补贴、科研资金、项目支持等一系列优惠政策，吸引那些具有先进管理经验和技术背景的人才投身于土特产产业的发展中。在引进外来人才的同时，政府还可以通过与职业院校、农业院校的合作，开展土特产相关专业课程的教育和培训，提升本地农民和企业员工的技能水平，培养一批既懂技术又懂管理的本地人才。这种本地人才的培养，不仅能够提升土特产企业的管理水平和生产能力，还能够促进本地农民参与到产业发展中，为农村经济的繁荣发展提供持久的人才支撑。

为了鼓励更多的人才参与到土特产产业中，政府还可以建立多层次的人才激励机制。例如，政府可以设立"土特产产业人才奖"，对那些在产业发展中作出突出贡献的人才进行表彰和奖励，提升他们的荣誉感和归属感。同时，政府还可以在土特产产业的各个环节中建立人才发展激励机制，为优秀人才提供更多的职业发展机会和空间。这种人才激励机制能够有效提升人才在产业中的积极性和创造性，推动产业的创新发展。

区域合作与资源共享是推动土特产产业协调发展的有效途径。政府通过推动不同地区之间的合作，可以实现资源的优化配置和优势互补，提升土特产产业的整体竞争力。例如，某些地区可能在农业技术方面具有优势，而另一些地区则拥有丰富的自然资源，政府可以通过推动跨区域合作，将这些优势资源进行整合，形成资源共享和互补的合作模式，提升产业发展的整体效益。此外，政府可以通过建立区域协作机制，如成立跨区域的土特产产业联盟或合作组织，协调各地区在技术研发、市场开拓和品牌推广等方面的合作。例如，政府可以设立区域合作基金，支持跨区域的土特产品牌联合推广活动，提升土特产品牌的市场影响力和竞争力。这种跨区域的资源整合和协作机制，能够有效突破单个地区资源不足和市场局限的瓶颈，实现区域经济的协同发展。

在资源整合与共享的过程中，政府还可以推动公共资源与基础设施的共享，例如建立区域性的物流中心、冷链系统、检测认证中心等公共服务平台，为不同地区的土特产企业提供低成本的物流、检测和认证服务。这种公共资源的共享，不仅能够降低企业的运营成本，还能够提升土特产的整体流通效率和市场竞争力，为产业的规模化发展提供有力支持。

综上所述，政府在土特产产业发展中的资源整合与协调作用至关重要。通过整合资金、技术、人才等资源，政府能够为土特产产业的发展提供坚实的支撑。同时，通过推动区域合作和资源共享，政府能够打破资源壁垒，实现优势互补，推动土特产产业的持续健康发展。未来研究应进一步探讨如何通过优化资源整合与协调机制，提升资源配置的效率和公平性，推动土特产产业在现代农业体系中发挥更大的作用，为农村经济的繁荣发展提供更加坚实的支撑与保障。

三、市场监管与质量保障

在土特产产业的繁荣发展过程中，市场监管与质量保障作为确保产业持续健康发展的基石，发挥着至关重要的作用。政府通过建立健全的市场监管机制和严格的质量保障体系，维护市场秩序和公平竞争，保障产品的品质和安全，为土特产产业的长远发展提供了强有力的制度保障。有效的市场监管与质量保障能够提升土特产的市场竞争力和品牌价值，增强消费者的信任度，为产业的持续发展奠定坚实基础。政府在市场监管和质量保障中的作用不仅体现在法律法规的制定和执行上，还包括通过标准化管理、地理标志保护和打击假冒伪劣产品等具体措施，确保土特产产业的健康、有序发展。

首先，加强市场监管是维护土特产市场秩序和稳定的必要手段。通过建立健全的市场监管机制，政府能够全面覆盖土特产市场的各个环节，从生产到销售进行严格的监管与监控。市场监管的重点在于防止不正当竞争和扰乱市场秩序的行为。例如，政府可以设立专门的市场监管部门，负责对土特产市场中的假冒伪劣产品、价格垄断、恶意竞争等行为进行监督检查和严厉打击，从而维护市场的公平性和公正性。这种强有力的监管措施能够有效提升市场的稳定性，为企业营造公平的竞争环境，增强企业在市场中的信心，促进产业的健康发展。与此同时，政府还可以通过编制重点建设的"土特产"目录，明确将哪些具有地方特色的土特产列为重点扶持和发展的对象。这种政策引导能够集中资源推动优势产品的发展，激发市场活力和企业的创新动力，从而推动整个土特产产业的蓬勃发展。

市场监管的另一重要内容是打击不正当竞争行为。假冒伪劣产品、价格垄断、恶意竞争等不法行为不仅扰乱了市场秩序，还损害了消费者的利益和企业的合法权益。政府通过严格的市场监管措施，有效打击这些行为，可以提升土特产市场的整体规范性和健康度。例如，政府可以通过定期开展市场检查，严厉查处市场上的假冒伪劣产品，并对相关责任企业和个人进行处罚。与此同时，政府还可以建立企业信用评价制度，将不法企业列入"黑名单"，限制其市场准入和融资渠道，从而遏制不法行为的蔓延。这种强有力的市场监管措施不仅有助于净化市场环境，提升企业的守法经营意识，还能够保障消费者的合法权益，增强市场对土特产的信任度和认可度，为土特产产业的健康发展奠定基础。

其次，建立健全的质量监管体系是保障土特产产品品质和市场竞争力的核心。质量是土特产市场竞争力的关键要素，政府通过设立专门的质量检测机构和推行严格的质量标准，可以确保土特产在生产、加工和流通过程中的质量安全和稳定性。政府可以通过推动土特产产品的认证工作，如地理标志产品认证、绿色有机产品认证等，为优质土特产产品提供权威的品质背书，帮助消费者识别优质产品，提升消费者的信任度。例如，政府可以设立土特产质量检测中心，对土特产生产的每个环节进行严格的质量检测，确保每件产品都符合国家和行业的质量标准。此外，政府还可以制定并实施严格的生产和加工标准，对土特产的种植、养殖、加工、包装、储存等环节进行全方位的规范管理，从而确保土特产的整体质量和市场竞争力。

在质量监管过程中，政府还应定期开展对土特产市场的质量监督检查工作，特别是在节假日和销售旺季，加强质量监管力度，确保市场上销售的土特产符合质量要求。对于发现的不合格产品，政府应采取严格的处理措施，迅速将其从市场中清除，防止其对消费者造成进一步的伤害。例如，政府可以设立产品召回制度，对质量不合格或存在安全隐患的产品进行全面召回，并责令生产企业进行整改，提升其内部质量管理水平。这种严格的质量管理和监督体系能够有效维护土特产的市场声誉和品牌形象，提升消费者的消费信心，促进产业的长期稳定发展。

完善土特产产业标准体系是提升土特产质量和维护市场秩序的重要手段。政府通过推动土特产产业全产业链的标准化建设，可以从种植、养殖、加工、储藏、运输到销售等各个环节，建立覆盖全产业链的质量标准体系，确保整个产业链的规范化和标准化运作。例如，政府可以针对不同种类的土特产制定生产操作规程和包装标识标准，确保每个环节的产品质量都能够符合国家和行业的标准要求。这种标准体系的建立不仅能够提升土特产的整体品质，还能够有效规范市场行为，防止不合格产品进入市场，影响产业的健康发展。

在标准体系的建设过程中，地理标志产品的保护和推广是政府需要重点关注的内容。地理标志是土特产的独特资产，具有极高的市场价值和文化价值。通过加强地理标志的保护和管理，政府可以有效防止假冒伪劣产品对正宗土特产的侵害，维护地理标志产品的品牌价值。例如，政府可以设立地理标志保护办公室，负责地理标志的注册、使用和管理工作，严厉打击侵犯地理标志产品的行为，确保地理标志产品的纯正性和独特性。此外，政府还可以通过多种渠道推广地理标志产品的品牌价值，如组织地理标志产品展览会、宣传活动等，提升地理标志产品在国内外市场的知名度和美誉度。通过推广地理标志品牌，政府可以有效提升土特产产品的市场竞争力，为地方经济的发展注入新的活力。

防止假冒伪劣产品的出现是提升土特产整体品质的关键。假冒伪劣产品不仅损害了消费者的利益，也严重影响了土特产的市场声誉。政府可以通过建立严格的市场准入机制，确保只有符合质量标准的土特产才能进入市场销售。例如，政府可以要求土特产企业在产品上市前进行严格的质量检测和认证，只有通过认证的产品才能进入市场，从源头上杜绝假冒伪劣产品的产生。同时，对于发现的问题产品，政府应迅速启动市场退出机制，将不合格产品及时下架，避免对消费者造成进一步的伤害，并对相关企业进行处罚，倒逼企业提升内部质量管理水平。为了更好地遏制假冒伪劣产品的出现，政府还可以通过建立公众监督与举报机制，鼓励消费者和社会各界对假冒伪劣产品进行监督和举报。例如，政府可以设立举报热线或在线举报平台，对举报的案件进行迅速处理，并给予举报者适当的奖励，激励公众参与市场监管，共同维护市场的公平性和诚信度。

综上所述，政府通过加强市场监管和质量保障，为土特产产业的健康发展提供了重要的制度支撑。通过建立健全的市场监管机制、完善质量监管体系和标准体系，政府能够有效维护市场的公平竞争和秩序，保障土特产的品质和安全，提升产品的市场竞争力和消费者的信任度。这些措施不仅能够防止假冒伪劣产品的出现，还能够推动土特产产业的持续健康发展，实现经济效益和社会效益的双赢。未来研究应进一步探讨如何通过优化市场监管和质量保障机制，提升土特产产业的市场规范性和质量水平，为土特产产业的可持续发展提供更加坚实的制度基础和政策支持。

四、品牌建设与推广

品牌建设与推广是推动土特产产业发展的重要战略手段。通过有效的品牌塑造和推广，政府能够帮助土特产在激烈的市场竞争中脱颖而出，提升其市场竞争力，扩大市场份额，为农村经济的发展和农民收入的提升提供强有力的支持。品牌作为一种重要的无形资产，不仅代表了产品的质量和信誉，还承载着地方文化和地域特色。因此,政府在土特产品牌建设与推广中的核心作用体现在制定品牌标准、加强品牌整合、搭建交易平台、开展宣传活动以及引导品牌定位等多个方面。通过这些措施,政府能够提升土特产的品牌价值和市场影响力,为产业的可持续发展提供重要保障。

政府通过制定品牌准入和分级体系,确保土特产品牌的"含金量",从而提升品牌的市场认可度和消费者的信任度。品牌的"含金量"不仅取决于产品的质量和市场表现,还依赖于品牌创建的严格标准和规范管理。政府可以通过制定品牌准入机制,确保只有达到一定质量标准和市场表现的土特产产品才能获得品牌认证。例如,政府可以要求土特产企业在品牌创建前通过严格的产品质量检测和市场评估,确保品牌产品在质量和市场表现方面均具备较强的竞争力。这种品牌准入机制能够有效防止市场上出现"滥竽充数"的现象,从而提升品牌的整体形象和市场竞争力。此外,政府还可以通过实施品牌分级制度,将土特产品牌划分为地方品牌、省级品牌和国家级品牌等不同等级,不同级别的品牌对应不同的市场推广资源和政策扶持力度。例如,国家级品牌可以获得更多的推广支持和市场开拓机会,而地方品牌则可以通过不断提升质量和市场表现,逐步晋升到更高的品牌等级。这种品牌分级制度不仅能够有效激励企业提升产品质量和市场表现,还能够为品牌的逐步发展和升级提供清晰的路径和激励机制。

品牌整合是提升土特产整体市场竞争力的重要策略。政府通过推动分散品牌资源的整合,可以打造更具影响力的区域公共品牌,并利用政府的信用背书增强品牌的公信力和市场号召力。区域公共品牌的创建能够有效整合区域内的优势品牌资源,形成品牌联动效应,从而提升区域内所有产品的市场影响力。例如,政府可以整合某一产区的多个地方品牌,打造区域性的水果公共品牌,如"赣南脐橙""云南普洱茶"等。这些区域公共品牌通过整合各地方品牌的优势,能够减少品牌间的内耗,形成规模效应,提升区域产品的市场竞争力和市场份额。与此同时,政府的信用背书为区域公共品牌提供了强有力的质量和信誉保障。通过政府的信用背书,消费者能够更加信任品牌产品的质量和安全性,从而提升购买意愿。例如,政府可以在区域公共品牌的包装和宣传中突出政府的背书信息,如"政府认证""国家标准"等,增强品牌的可信度和市场认可度。此外,在品牌整合过程中,政府需要协调各方利益,确保品牌整合能够兼顾各地的特色和利益。政府可以通过设立协调委员会或工作组,制定品牌整合的具体方案,确保各方在品牌整合中能够获得公平的利益分配，从而推动品牌整合工作的顺利实施。这种利益协调机制不仅能够减少品牌整合中的摩擦，还能够增强企业和地方政府参与品牌整合的积极性，为品牌的成功整合和推广提供有力支持。

为了进一步提升品牌的市场影响力和销售额，政府可以搭建土特产交易平台，为企业提供更多的市场拓展机会。随着电子商务的迅速发展，线上交易平台成为土特产品牌推广的重要渠道。政府可以通过与大型电商平台合作，设立专门的土特产专区，为本地企业提供产品展示和销售的窗口。这种线上交易平台不仅能够扩大品牌的市场覆盖面，还能够为企业提供低成本、高效率的销售机会，提升品牌的市场影响力和竞争力。同时，政府还可以组织线下土特产交易会和博览会，为企业提供面对面的市场拓展机会。例如，政府可以每年举办一次全国性的土特产博览会，邀请国内外采购商和经销商参与，为本地品牌产品开拓更多的销售渠道。这种线下活动能够帮助品牌与客户建立直接的联系，提升品牌的市场认知度和美誉度。此外，为了帮助土特产品牌进入更广泛的市场，政府还可以推动跨区域合作平台的建设。例如，政府可以通过组织跨区域品牌联盟，实现品牌联合推广和资源共享，帮助土特产品牌进入其他地区市场，从而提升品牌的全国乃至国际影响力。

品牌宣传是提升品牌知名度和市场影响力的关键。政府可以通过组织多样化的宣传活动，如媒体广告、社交媒体推广、品牌路演等形式，展示品牌的独特性和优势，迅速提升品牌的知名度。例如，政府可以组织"品牌进社区"活动，在各大城市的社区推广地方土特产，增强品牌与消费者之间的互动和联系。此外，品牌宣传还可以将地方文化与品牌推广相结合，增强品牌的文化内涵和市场吸引力。例如，政府可以通过"品牌+文化"推广活动，展示品牌背后的历史渊源、传统工艺和地域特色，提升品牌的文化价值和市场吸引力。这种文化与品牌的结合能够有效增强品牌的辨识度和消费者的情感联结，从而形成独特的品牌竞争优势。为了帮助土特产品牌走向国际市场，政府还可以通过组织国际展会、海外推广活动等方式，提升品牌的国际知名度和影响力。例如，政府可以参与国际农产品展览会，组织土特产品牌的集体参展，为其进入海外市场提供平台和机会，吸引国际消费者的关注。这种国际化的品牌推广不仅能够提升品牌的国际市场份额，还能够为土特产产业带来更广阔的发展空间。

在品牌定位方面，政府通过引导各区域进行品牌定位，推动大宗产业的特色化发展和特色产业的品牌化进程，有助于提升区域品牌的市场竞争力。

品牌定位是品牌建设中的重要环节，精准的品牌定位能够有效提升品牌的市场竞争力，吸引特定消费群体。例如，对于资源丰富的地区，政府可以引导其将品牌定位为高端绿色产品，而对于技术领先的地区，则可以将品牌定位为创新型或科技型产品。这种精准的品牌定位能够帮助区域品牌更好地把握市场需求，形成独特的品牌竞争优势。对于大宗农产品，政府可以通过推动特色化发展，提升其市场价值。例如，政府可以支持大宗农产品的差异化生产，通过品种选育、产地标识等方式，突出其独特的品质和风味，形成差异化竞争优势，如安徽的"黄山毛峰"茶叶、贵州的"茅台"白酒等品牌，都是通过特色化发展形成了独特的品牌优势。此外，在特色产业品牌化方面，政府可以通过支持企业创建自主品牌，提升特色产品的品牌影响力。例如，政府可以为特色产业品牌化提供资金、技术和市场推广支持，帮助企业打造具有地域特色和市场竞争力的品牌产品。政府还可以通过政策激励，鼓励企业申请地理标志认证和其他品牌认证，提升品牌的市场认可度和公信力。

综上所述，政府在土特产品牌建设与推广中的核心作用体现在品牌标准的制定、品牌整合、市场拓展平台的搭建、品牌宣传和品牌定位引导等多个方面。通过这些措施，政府能够帮助土特产品牌提升市场竞争力和品牌价值，为土特产产业的健康发展提供重要支持。同时，政府的品牌建设与推广工作不仅能够推动土特产在国内市场中的广泛认可，还能够帮助其进入国际市场，实现更广阔的发展前景。未来研究应进一步探讨如何通过优化品牌建设与推广策略，提升土特产品牌的市场竞争力和国际影响力，为土特产产业的高质量发展和可持续发展提供更加科学的政策指导与支持。

政府在推广地方特产品牌中的作用

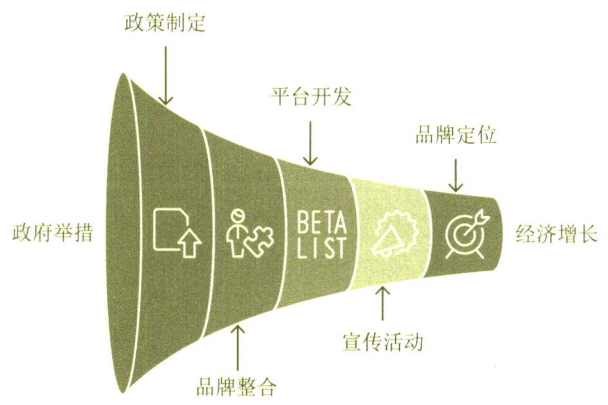

政府在土特产品牌建设与推广中的作用至关重要。通过制定品牌准入和分级体系、加强品牌整合、搭建交易平台、开展宣传活动和引导区域品牌定位，政府能够有效推动土特产品牌的建设和推广，提升品牌的市场竞争力和影响力。这些措施不仅有助于提高土特产的市场份额，还能够推动整个产业的可持续发展，促进地方经济的繁荣和农民收入的增加。

五、科技与创新的支持

科技创新是推动土特产产业转型升级的重要引擎。政府通过加大科技投入、促进技术创新与研发、引进先进技术与工艺，为土特产产业提供了强有力的科技支撑。这不仅有助于提升产业的整体竞争力，还能够推动土特产向高附加值、高品质方向发展，实现产业的可持续发展。因此，政府在科技与创新支持中的作用体现在资金投入、技术引进、技术转移与成果转化、技术推广与培训，以及推动科技与产业深度融合等多个方面。以下将详细探讨政府在推动土特产产业科技创新中的具体措施及其重要性。

首先，加大科技投入是政府推动土特产产业发展的重要手段。充足的科技投入能够为技术创新和科研活动提供必要的资金保障，有助于夯实产业发展的技术基础。政府可以通过设立专项科技资金，专门用于支持土特产相关的技术创新和研发活动。例如，政府可以设立"土特产科技创新基金"，通过竞争性拨款的形式将资金分配给具备潜力的科研项目和企业，帮助它们开展技术研发、工艺改进和新品种培育。这种专项资金的设立，能够有效激励科研机构和企业参与到技术创新中来，推动技术成果的快速突破和转化。与此同时，政府还可以推动产学研合作，整合高校、科研机构和企业的资源，形成技术创新的合力。例如，政府可以组织科研机构与土特产企业签订技术合作协议，共同研发适合本地特色的新品种、新工艺。这种合作模式能够加速科研成果向生产力的转化，提升企业的技术水平和产品附加值，为土特产产业的发展注入新的动力。

政府在科技投入中的另一重要措施是通过提供技术培训与推广服务，帮助农民和企业掌握最新的科技成果和生产技术。例如，政府可以组织农业技术推广机构定期举办技术培训班，邀请农业专家讲解新技术、新工艺的应用方法，提升农民和企业员工的技术素质。这种培训和推广服务能够有效促进科技成果在土特产生产中的应用，确保科技创新能够真正落地生根，为土特产产业的发展提供坚实的技术支持。此外，政府还可以通过设立科技示范基地，将最新的科技成果和先进的生产技术在示范基地进行试验推广，并通过示范基地的成功经验向周边地区推广，推动土特产产业的全面技术升级。这种科技推广与培训服务，不仅能够提升土特产的科技含量和市场竞争力，还能够帮助农民和企业在技术创新中获得实际的效益和发展动力。

其次，政府通过多种政策措施支持科研机构与企业的技术创新，推动土特产产业的可持续发展。技术创新是产业发展的核心动力，能够显著提升产品的科技含量和附加值。政府可以通过政策引导，鼓励科研机构和企业开展自主创新活动。例如，政府可以为技术创新项目提供研发资金补助，通过税收减免等政策降低企业的创新成本，激励更多企业参与技术创新。这种自主创新支持政策，有助于提升企业的技术研发能力和市场竞争力，推动土特产产业实现从"模仿跟随"到"自主创新"的转变。此外，政府还可以通过设立技术转移中心或技术孵化器，推动科研成果向产业的快速转化。例如，政府可以组织技术推广会或对接会，帮助科研机构将最新的技术成果推广给企业，并通过设立技术转化基金，支持企业将科研成果转化为具有市场竞争力的产品。这种政策措施能够有效缩短技术转化的周期，提升科研成果的产业化应用率，从而推动土特产产业的技术进步与市场扩展。

在技术创新支持中，政府还可以促进跨领域技术的融合应用。土特产产业的发展不仅需要农业领域的技术创新，还需要与信息技术、生物技术、环境技术等领域的先进技术相融合。例如，政府可以支持智慧农业项目，通过物联网、大数据和人工智能等技术手段提升土特产的生产效率和品质。物联网技术的应用能够实现对土特产生产环境的实时监控，优化生产管理；大数据技术能够通过对市场数据的分析预测，为土特产企业提供更加精准的生产和营销策略；人工智能技术的引入可以提升农作物的病虫害防治效率，减少生产中的人力成本。这种跨领域技术的融合应用，有助于推动土特产产业的全面升级，实现产业的数字化、智能化转型，为土特产产业的可持续发展提供全方位的技术保障。

引进新技术、新品种和新工艺是政府提升土特产科技含量和附加值的重要策略。为了增强土特产的市场竞争力，政府可以通过与国外科研机构和企业的合作，引进先进的种植和养殖技术。例如，政府可以引进适应性强、产量高的新品种，推广节水灌溉、精准施肥等现代农业技术，从而提升土特产的生产效率和品质。例如，在某些茶叶产区，政府引进了国外先进的茶树品种和种植技术，大幅提升了茶叶的品质和市场竞争力。同时，政府还可以通过资助企业引进现代化的加工设备和工艺，如冷冻干燥、超高压加工等技术，改善产品的口感、保存期限和营养价值。这种加工工艺的提升，不仅能够提高土特产产品的市场竞争力，还能够延长产品的销售周期，拓宽市场空间。此外，政府还可以推动可持续生产技术的应用，如推广生物防治、有机肥料等环保技术，减少对环境的影响，提升土特产的绿色含量。这种绿色生产技术的推广，不仅能够实现土特产的可持续发展，还能够提升其在消费者中的品牌形象和市场认可度。

产品研发是提升土特产市场竞争力的重要手段。政府通过支持企业和科研机构开展创新产品研发，能够有效提升土特产的科技含量和附加值，推动土特产产业向高端化、精品化方向发展。例如，政府可以通过专项资金或政策优惠，支持企业开发具有市场潜力的新产品，如具有保健功能、独特风味或高端品质的土特产产品，以满足消费者日益多样化和高端化的需求。某些地方政府支持企业开发功能性食品，如高钙果干、高抗氧化力茶叶等产品，拓展了土特产的市场应用领域，显著提升了产品的市场竞争力。此外，政府可以通过鼓励企业开发多样化的产品形式，如根据不同消费群体开发出不同规格、包装和价格的产品，扩大土特产的市场覆盖面。例如，某些地方政府支持企业推出便携式包装的土特产，满足都市白领和旅游者的消费需求，提升产品的市场吸引力。

在产品研发过程中，政府还可以支持企业在品牌和包装设计方面进行创新。例如，通过引入文化创意和艺术设计，提升土特产的品牌形象和附加值。政府可以组织设计大赛或品牌孵化项目，帮助企业打造具有文化内涵和视觉吸引力的品牌形象，增强产品在市场中的竞争力。这种品牌创新与包装设计的支持，有助于提升土特产的整体形象和市场吸引力，为土特产产品赢得更多的市场认可和消费者青睐。

综上所述，政府在土特产科技与创新中的驱动作用主要体现在科技投入、技术创新、技术引进与推广、技术转移与成果转化以及创新产品研发等方面。通过加大科技投入、引导企业和科研机构开展技术创新，政府能够推动土特产产业实现技术突破与市场扩展，提升产品的科技含量和附加值。同时，政府在推动跨领域技术融合和可持续生产技术应用中的政策支持，能够有效促进土特产产业的全面升级和可持续发展。未来研究应进一步探讨如何通过优化政府科技创新政策，提升土特产产业的科技创新能力，为土特产产业的高质量发展和可持续发展提供更加科学的政策支持与保障。

第三章　土特产发展过程中的主体分析

政府推动土特产产业发展的关键因素

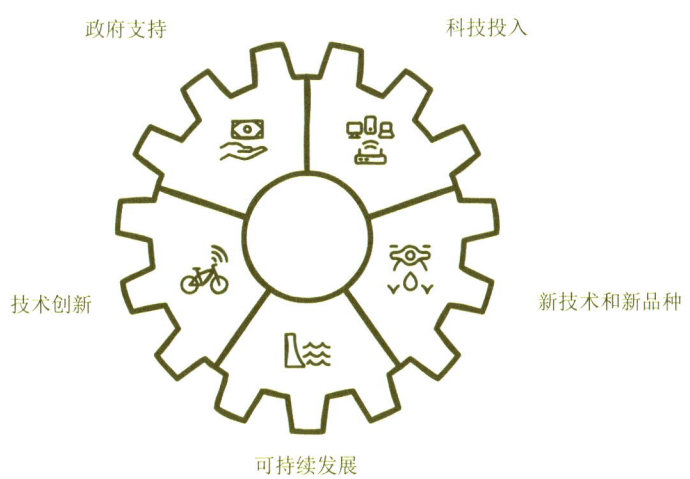

通过加强科技与创新的支持，政府在土特产产业发展中发挥了重要的驱动作用。通过加大科技投入、支持技术创新、引进新技术和新品种，政府为土特产产业的转型升级提供了强大的动力。这些措施不仅提升了土特产的科技含量和附加值，还推动了整个产业的可持续发展，为农村经济的繁荣和农民的增收致富创造了有利条件。

第二节　企　业

企业在发展土特产中扮演着至关重要的角色，具有一系列功能，这些功能对于土特产产业的整体发展具有重要影响。

一、深加工与产品升级

在土特产产业发展的过程中，企业在深加工与产品升级方面扮演着核心角色，是推动产业高质量发展的重要引擎。企业通过应用先进技术、科学管理和创新思维，不断优化产品质量、提升附加值，并根据市场需求进行产品升级，为整个土特产产业的发展提供了强有力的支持。企业在深加工和产品升级中的功能不仅体现在对原材料的高效利用和生产效率的提升上，还体现在产品研发、市场定位、科技应用等多方面的综合能力上。以下将深入探讨企业在这一领域的具体功能及其重要性。

明确的产品定位是企业在市场竞争中取胜的关键之一。产品定位决定了企业的市场切入点和目标消费群体，影响着产品的市场表现和品牌形象。企业在进入市场前，应首先进行深入的市场调研，了解目标市场的结构、消费者的购买力、需求偏好和市场竞争情况。例如，企业可以通过问卷调查、焦点小组讨论、市场数据分析等手段，获取关于消费者偏好的详细信息。这种系统性、精细化的调研能够帮助企业准确识别市场空白和机会，为后续的产品定位提供坚实的依据。基于市场调研结果，企业可以制定出精准的产品定位策略，如针对高端消费者推出有机、绿色产品，或为健康意识强的群体提供功能性食品。这种精准定位能够帮助企业在激烈的市场竞争中找到自身的独特竞争优势，并借助品牌定位树立清晰的市场形象，从而吸引和留住目标客户。

在产品定位的基础上，加快产品研发是企业保持市场竞争力的核心手段之一。通过持续加大研发投入，企业能够不断推出创新性产品，满足市场多样化和不断变化的需求。例如，企业可以通过增加研发预算、组建专业研发团队，推动新技术的开发和产品工艺的改进，从而提升产品的质量和创新性。这种研发投入不仅有助于企业保持技术领先，还能不断增强市场竞争力。同时，在研发过程中，企业应注重产品的创新性和差异化，推出具有独特卖点的土特产产品。例如，结合当地的特色资源，企业可以开发出功能性食品、文化礼品装产品等，满足消费者对产品多样性和独特性的需求。通过不断推陈出新，企业不仅能够在市场中占据一席之地，还能引领市场潮流，扩大品牌影响力。此外，企业可以通过实施产品多样化策略，开发出不同规格、口味和包装的产品，覆盖从普通消费者到高端客户的不同市场层次，提升市场占有率和品牌忠诚度。

在深加工与产品升级的过程中，现代科技的应用对于提升土特产的生产效率和附加值至关重要。企业通过引入自动化和智能化生产设备，能够实现生产效率的提升和产品质量的稳定。例如，企业可以采用全自动化流水线进行生产，从而减少人工操作中的误差，提升生产速度和产品的一致性。自动化和智能化生产设备还能够帮助企业优化资源配置，降低生产成本，提升整体运营效率。此外，企业还可以通过引入精细加工技术提升土特产的品质和市场竞争力。例如，通过采用冷链技术保持产品的新鲜度，或应用超高压技术提升产品的口感和营养价值，从而增加产品的市场吸引力和溢价能力。这种科技含量的提升，不仅能够增强企业的竞争优势，还能有效提高土特产的整体市场表现和品牌美誉度。

在产品研发和生产管理中，数据驱动的精细化管理能够为企业的生产和运营提供科学依据。企业可以通过大数据和信息化技术，提升生产和运营的精细化管理水平。例如，通过数据分析，企业能够精准预测市场需求，合理制订生产计划，避免产品供过于求或库存积压的现象。同时，数据化管理能够帮助企业实时监控生产过程，及时发现并解决生产中的问题，确保产品质量的稳定性和生产效率的持续提升。例如，企业可以通过引入ERP（企业资源计划）系统，整合采购、生产、销售和物流等环节的数据信息，实现对整个生产过程的全面管控，从而提升资源利用率和市场响应速度。这种基于数据驱动的管理方式，能够大幅提升企业的整体运营效能，为企业在市场竞争中赢得更多的优势。

此外，企业在深加工与产品升级中，还应积极引进新技术、新品种和新工艺，以不断提升土特产的科技含量和附加值。例如，在种植和养殖环节，企业可以通过引进适应性强、产量高的新品种，推广精准施肥、节水灌溉等现代农业技术，提升土特产的生产效率和品质。在加工环节，企业可以采用冷冻干燥、真空包装等新工艺，提升产品的保存期限和营养价值，从而增强产品的市场竞争力。与此同时，企业还可以引进可持续生产技术，如生物防治、有机肥料等环保技术，减少生产对环境的影响，提升产品的绿色含量。这种绿色生产技术的推广，能够为土特产产品带来更多的市场认可和环保优势，从而提升产品的品牌价值和市场影响力。

产品升级的另一重要方向是创新产品的开发。企业可以通过开发具有市场潜力的新产品，进一步提升土特产的市场竞争力。例如，企业可以根据市场需求，研发具有保健功能或高端品质的土特产产品，如具有降血糖、增强免疫力等功能的食品，或是具有独特文化价值的土特产礼品装产品。这种创新性产品的开发，能够有效提升土特产的附加值，拓展产品的市场应用领域。此外，企业还可以结合文化创意和品牌设计，通过创新的品牌形象和独特的包装设计，提升土特产的品牌价值。例如，企业可以将地方文化元素融入产品的包装设计中，打造独具文化内涵的品牌形象，增强消费者的情感联结和品牌忠诚度。政府可以为这种创新提供政策支持，如组织设计大赛或品牌孵化项目，鼓励企业在产品创新和品牌设计中进行积极探索，提升土特产的市场竞争力。

综上所述，企业在土特产产业深加工与产品升级中的核心功能主要体现在产品定位、产品研发、科技应用、生产管理和品牌创新等方面。通过明确产品定位、加快产品研发、引入现代科技手段，企业不仅能够提升产品的附加值和市场竞争力，还能够更好地满足市场的多样化需求。这些努力不仅推动了企业自身的发展壮大，也为土特产产业的整体繁荣奠定了坚实的基础。未来研究应进一步探讨企业在深加工与产品升级中的具体实践和创新模式，为土特产产业的高质量发展和可持续发展提供更加科学的理论支持与实践指导。

二、品牌打造与市场推广

品牌打造与市场推广在土特产产业发展中起着至关重要的作用。企业通过塑造独特的品牌形象和运用多渠道市场推广，能够有效提升产品的市场竞争力和消费者认知度，从而在激烈的市场竞争中脱颖而出，占据更大的市场份额。品牌的塑造不仅有助于增强土特产的知名度和美誉度，还能在消费者心中建立牢固的情感联系，为企业的长期发展奠定基础。与此同时，市场推广作为品牌建设的重要环节，不仅能够帮助企业将品牌信息传播给目标消费者，还能通过促销活动、跨界合作等方式进一步提升品牌的市场影响力。以下将深入探讨企业在品牌打造与市场推广中的具体功能及其重要性。

首先，塑造独特的品牌形象是提升土特产市场竞争力的关键。品牌是企业在市场中的无形资产，也是企业区别于竞争对手的重要标志。通过品牌建设，企业能够树立鲜明的品牌形象，提升产品的市场辨识度和附加值。在品牌建设中，企业首先需要明确品牌定位，并将产品的文化内涵融入品牌形象中。例如，企业可以通过发掘土特产的历史背景、地方特色和文化故事，将这些元素融入品牌形象和营销宣传中，打造出富有文化底蕴的品牌形象。文化与品牌的结合不仅能够赋予品牌独特的情感价值，还能增强消费者的认同感和忠诚度。例如，某些地方的土特产企业通过将地方文化元素融入产品包装和品牌标语中，成功树立了品牌的地域文化特色，让消费者在购买产品时不仅是在消费商品，更是在体验独特的地方文化。这种情感化品牌形象的打造，有助于企业在消费者心中形成深刻的品牌记忆，提升品牌的忠诚度。

在品牌形象塑造中，设计独特的品牌标识与包装也是重要的一环。企业可以通过设计富有辨识度的Logo和包装，将地方特色和品牌个性巧妙地融合在一起。例如，企业可以邀请专业设计师为品牌设计出能够反映地方特色的标识图案，并采用具有地方文化特色的色彩和图案风格，增强品牌的视觉吸引力。这种独特的视觉形象不仅能够提升品牌在消费者中的记忆度，还能帮助品牌在竞争激烈的市场中脱颖而出，吸引更多消费者的注意力。此外，企业还可以通过强化品牌信誉与公信力来提升品牌形象。例如，企业可以通过严格的质量控制、环保生产和优质的售后服务来逐步建立品牌的信誉和公信力。企业在品牌宣传中可以突出产品的品质保障、环保标准和社会责任，增强消费者对品牌的信任，树立良好的品牌形象。这样，企业在消费者心中树立的不仅是一个产品品牌，更是一个值得信赖的优质品牌，从而提升消费者对品牌的忠诚度和认可度。

其次，运用多渠道市场推广是企业提升品牌知名度和扩大市场份额的有效手段。通过精准的广告宣传、促销活动和网络营销等多种市场推广策略，企业能够将品牌信息有效传递给目标消费者。例如，在广告宣传方面，企业可以通过电视、广播、报纸、杂志等传统媒体进行广告投放，增加品牌的曝光率。同时，企业还可以利用户外广告、公交车身广告等形式提升品牌的可见性，扩大品牌的市场影响力。在促销活动方面，企业可以策划和实施各种吸引消费者参与的促销策略，如限时折扣、买赠活动、抽奖活动等，以刺激消费者的购买欲望。例如，在节假日或品牌周年庆期间，企业可以推出专属的促销活动，通过折扣、赠品等形式吸引消费者参与，增加产品销量，并提升品牌的忠诚度。此外，随着互联网的快速发展，网络营销与社交媒体推广已成为企业市场推广的重要渠道之一。企业可以通过建立官方网站、开设社交媒体账号、发布品牌内容等方式，进行全方位的网络营销。例如，企业可以通过微信公众号、微博、抖音等平台发布产品信息、品牌故事和用户评价等内容，与消费者进行互动交流，提升品牌在网络上的知名度和影响力。同时，企业还可以利用搜索引擎优化（SEO）技术，提高品牌在搜索引擎中的排名，增加品牌的在线可见性。这种线上线下相结合的多渠道推广策略，能够有效提升品牌的市场影响力，扩大品牌的市场份额。

在品牌推广策略中，企业还可以通过品牌合作与跨界营销来进一步扩大品牌的市场认知度。品牌合作与跨界营销是企业借助其他品牌影响力提升自身品牌地位的重要方式。例如，企业可以与旅游公司、酒店、餐饮连锁等相关或互补行业的品牌进行联合推广，推出联合促销活动或套餐产品。这种品牌联合推广能够帮助企业扩大产品的销售渠道，并借助合作品牌的市场资源和消费者群体，增强品牌的市场影响力。此外，跨界营销也是企业打造创新品牌形象的有效策略之一。通过与时尚、艺术、娱乐等领域的品牌或文化元素相结合，企业能够创造出新的品牌形象和市场机会。例如，企业可以与知名艺术家或设计师合作，推出限量版产品或特别企划，吸引时尚潮流消费者的关注。这种跨界合作不仅能够为品牌带来新的市场契机，还能赋予品牌更多的文化内涵和时尚元素，提升品牌的时尚感和潮流度，增强品牌的年轻化形象和市场吸引力。

此外，企业还可以通过参与行业展会和公共活动，进一步提升品牌的市场认知度。例如，企业可以在农业博览会、地方特产展销会等活动中展示产品，向消费者和行业专业人士推介品牌。这种直接面对消费者的推广方式，不仅能够增加品牌的曝光率，还能通过现场互动增强品牌的消费者认知度和好感度。例如，企业可以通过现场试吃、产品展示等互动活动，吸引消费者的关注，并通过与消费者的直接交流，增强消费者对品牌的好感和信任度。同时，参与行业展会还能够帮助企业了解行业动态和市场趋势，与其他行业参与者建立联系，开拓更多的合作机会，为品牌的长期发展提供助力。

综上所述，企业在土特产产业品牌打造与市场推广中的关键作用体现在品牌形象的塑造、多渠道市场推广、品牌合作与跨界营销以及参与行业展会与公共活动等多个方面。通过这些措施，企业不仅能够提升土特产的品牌知名度和市场竞争力，还能够在消费者心中树立良好的品牌形象，增强品牌的公信力和消费者忠诚度。这些努力有助于企业在市场中占据更大的市场份额，为土特产产业的可持续发展提供坚实的品牌基础。未来研究应进一步探讨企业在品牌建设和市场推广中的创新策略和实践路径，为土特产产业的品牌塑造和市场推广提供更加科学的理论支持与实践指导。

企业品牌打造与市场推广功能推动土特产产业高质量发展

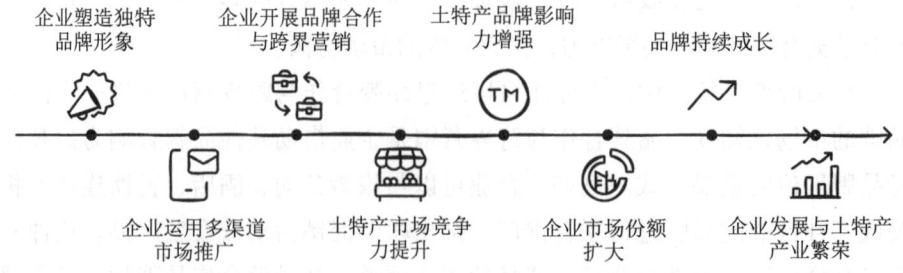

三、市场拓展与渠道建设

市场拓展与渠道建设是企业推动土特产产业规模化发展和品牌化提升的重要驱动力。通过丰富的市场资源、精准的市场策略和健全的销售渠道，企业能够将土特产产品推向更广阔的国内外市场，为整个产业的发展奠定坚实的基础。市场拓展与渠道建设不仅有助于提升土特产的市场覆盖面和渗透率，还能够为企业在激烈的市场竞争中赢得更多的市场份额和品牌影响力。企业在这一过程中，通过区域市场的精准拓展、国际市场的开发和稳定供应链体系的建立，推动土特产产业实现从地方特色产品到全国乃至全球市场的跃升。以下将详细探讨企业在市场拓展与渠道建设中的具体功能及其重要性。

在国内市场的拓展过程中，企业可以通过多元化的市场拓展策略，有效扩大土特产产品的市场覆盖面和渗透率，提升品牌的市场影响力。企业可以根据不同区域的消费习惯、文化背景和经济水平，制定针对性的市场拓展策略。例如，在经济发达的城市地区，企业可以主打高端土特产产品，借助高端商超、精品店以及线上平台的优势资源，精准覆盖当地消费者的高端需求。与此同时，企业可以通过举办品牌推介会、产品品鉴会等活动，与高端消费群体建立直接联系，增加品牌的认知度和美誉度。而在经济相对欠发达的地区，企业则可以采用更加灵活的销售策略，如设立特产集市、通过代理商铺货等方式，将土特产推向更广泛的消费者群体，增强品牌在地方市场的渗透力。

渠道下沉是企业拓展国内市场的重要策略之一。通过渠道下沉，企业能够将产品推广至三四线城市乃至县级市和乡镇市场，深入挖掘这些具有巨大消费潜力的市场。例如，企业可以通过与地方超市、便利店、社区店等建立合作关系，铺设销售网点，形成覆盖广泛的销售网络，实现产品的广泛分销。这样，企业不仅能够迅速扩大产品的市场覆盖面，还能在这些消费能力不断提升的地区抢占市场先机，树立品牌形象。同时，企业可以根据不同市场的需求，细分产品线，推出适合不同消费群体的产品组合。例如，企业可以推出适合家庭消费的大包装产品，或面向个人消费者的小包装产品，以满足不同场景和消费需求。这种产品线的细分策略能够更好地满足市场需求，提升品牌的市场适应性和竞争力。

为了更好地推进国内市场的拓展，企业还可以结合各地区的特点，发展本地化运营模式。例如，企业可以根据当地消费者的偏好和需求，对产品进行适当的调整和包装设计，推出具有地方特色的定制化产品。同时，企业可以参与当地的节庆活动、文化推广活动，通过本地化营销增强品牌与消费者之间的情感联系，提升品牌的地方认同感和市场占有率。例如，某些企业通过在当地的传统节日推出限定版产品，成功吸引了大批消费者的关注，并通过参与文化活动提升了品牌的文化价值和市场影响力。

在国际市场的开拓中，企业可以通过积极的市场调研与分析，了解不同国家和地区的市场需求、消费习惯和相关法律法规，为产品进入国际市场做好充分的准备。国际市场调研能够帮助企业精准定位目标市场和消费群体，从而制订科学的市场进入策略。例如，企业可以通过市场调查、行业报告和国际贸易展览等渠道，获取目标市场的第一手资料，并结合自身产品优势，选择最合适的产品类型和销售渠道，降低市场风险。此外，为了成功进入国际市场，企业需要建立稳定的国际销售渠道。例如，企业可以通过与当地进口商、经销商合作，或直接设立海外分支机构和办事处，将土特产引入海外市场。这种国际销售渠道的建立，不仅能够帮助企业快速进入国际市场，还能提升产品的流通效率和市场响应能力。

跨境电商平台的发展为企业进入国际市场提供了新的机遇。企业可以利用亚马逊、阿里巴巴国际站等跨境电商平台，直接面向海外消费者销售产品，减少中间环节，提升销售效率。这种直接面向消费者的销售模式能够有效提升土特产的国际市场占有率，增强企业的品牌影响力。同时，企业可以通过跨境电商平台的消费者反馈，不断调整产品策略，更好地适应国际市场需求。在此基础上，企业还可以通过参加国际展会和品牌推广活动，进一步提升品牌在国际市场的知名度。例如，企业可以参加国际农业博览会、食品展览会等行业活动，展示土特产的独特性和优势，与全球采购商、零售商和终端消费者建立联系。这种面对面的互动能够有效增加品牌的国际曝光率，提升品牌在海外市场的美誉度和影响力。

在市场拓展的过程中，建立稳定的供应链体系是企业提升市场竞争力的基础。供应链管理和优化能够确保土特产在流通过程中的质量和效率，从而提升企业的市场竞争力和客户满意度。企业可以通过引入供应链管理系统，对土特产的生产、仓储、运输等环节进行实时监控与优化。例如，企业可以采用信息化管理系统，整合订单管理、库存管理和物流跟踪，实现对供应链全流程的数字化管理，从而提升供应链的运行效率，降低物流成本。这种数字化管理系统能够帮助企业在市场需求发生变化时,迅速调整供应策略,确保产品能够及时供应市场,满足消费者需求。

为了确保土特产的快速流通和市场供应,企业还需要建立健全的物流与仓储网络。例如,企业可以在主要销售区域设立分仓或配送中心,缩短配送时间,提高产品的供应效率。通过建立区域性的仓储网络,企业能够实现对不同区域市场的快速响应,有效提升产品的市场供应能力和服务水平。同时,企业还可以与第三方物流公司合作,利用其成熟的物流网络和配送能力,确保产品安全、快捷地到达消费者手中。在供应链管理中,质量控制与追溯体系的建设也是提升产品质量和市场竞争力的重要手段。企业可以建立严格的质量控制和追溯体系,对每一批次的产品进行质量检测和记录,确保土特产在市场流通中的高质量和安全性。这种严格的质量控制体系不仅能够提升土特产的市场竞争力,还能够增强消费者对品牌的信任度和忠诚度,为品牌的长远发展奠定坚实基础。

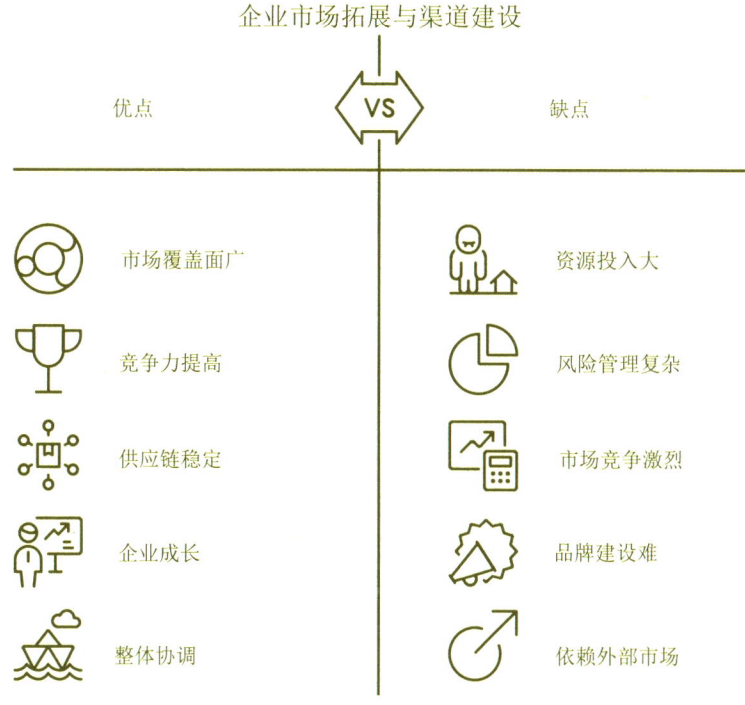

综上所述,企业在土特产产业的市场拓展与渠道建设中发挥着至关重要的推动作用。通过精准的国内市场拓展策略、积极的国际市场开发和稳定的

供应链体系建设，企业能够有效提升土特产的市场覆盖面和渗透率，推动产品进入更广阔的国内外市场。同时，通过建立稳定的供应链体系，企业能够确保产品的流通效率和质量，从而提升市场竞争力和客户满意度。这些措施不仅有助于企业在市场中占据更大的市场份额，还为土特产产业的可持续发展和品牌化进程提供了强有力的保障。未来研究应进一步探讨企业在市场拓展和渠道建设中的创新策略和最佳实践，为土特产产业的规模化、品牌化发展提供更加科学的理论支持与实践指导。

四、资金与技术支持

资金与技术支持是推动土特产产业创新发展的核心动力。企业凭借其雄厚的资金实力和强大的技术支持能力，不仅推动了产业的现代化发展，还引领了土特产产业的转型升级。通过持续的资金投入和技术支持，企业能够提升产业的整体竞争力，促进生产工艺的优化、产品质量的提升以及市场的有效拓展。这种双重驱动的作用，使得企业在推动土特产产业规模化发展、品牌化升级和可持续发展中发挥着关键性作用。以下将详细探讨企业在资金与技术支持中的具体功能及其重要性。

首先，资金支持是土特产产业规模化和现代化发展的重要保障。企业可以通过充足的资金投入，推动生产设施的更新换代、研发的持续投入以及市场拓展的战略执行，从而促进土特产产业的快速发展和转型升级。在资金支持方面，企业可以通过投资研发与创新，提升土特产的科技含量和市场附加值。例如，企业可以设立专项研发基金，专门用于支持新产品开发、新技术应用以及新工艺的研究。这种持续的资金投入，不仅能够推动技术创新和工艺改进，还能够引领产业发展方向，为企业在激烈的市场竞争中奠定坚实的技术基础。以某些地方的茶叶产业为例，企业通过设立专项资金，支持对新型茶叶品种的选育和茶叶加工技术的创新，成功提升了茶叶的品质和市场价值，为当地土特产产业的发展树立了标杆。

此外，企业的资金支持还能够加快土特产产业的基础设施建设和升级。例如，企业可以投资建设现代化的生产加工车间、自动化生产线和冷链物流系统，以提升生产效率和产品质量。同时，企业可以在主要产区和销售区设立集散中心和仓储设施，完善物流配送体系，确保产品的快速流通和市场供应。这种基础设施的完善，不仅提升了产业的生产能力，还增强了整个产业链的协同效应。例如，某些土特产企业通过投资建立现代化冷链物流体系，确保了新鲜农产品从田间到餐桌的高效流通，不仅提高了产品的新鲜度和安全性，还降低了运输损耗，提升了市场竞争力。此外，企业还可以通过资本运营为土特产产业提供融资支持。企业可以设立产业基金，或与金融机构合作，帮助中小型土特产企业获得融资支持，推动产业链上下游企业的协同发展。这种资本运作不仅有助于企业自身的扩展和壮大，还能够带动整个土特产产业的快速发展。

其次，企业在土特产产业中的技术支持功能主要体现在提升生产工艺、优化生产流程和推动技术革新等方面。企业可以通过引进国内外先进的生产技术，优化土特产的生产工艺。例如，企业可以引进自动化加工设备、智能化管理系统、精准农业技术等，以提升生产效率和产品质量。这些技术的应用不仅能够大幅提高生产效率，还能够减少生产过程中的资源浪费和环境污染，推动产业的绿色发展。例如，某些企业通过引入智能化管理系统，实现了从种植、生产、包装到销售的全流程数字化管理，大幅提升了生产的精细化管理水平，降低了生产成本，提高了市场竞争力。

在技术研发方面，企业可以通过自主研发或与科研机构合作，推动土特产的技术创新与工艺改进。例如，企业可以投资建设研发中心，集中力量进行土特产品质提升、工艺改进和包装设计等方面的研究。通过技术创新，企业能够不断优化产品的风味、口感和营养成分，提升产品的市场竞争力。同时，企业还可以探索应用新型加工技术，如超高压技术、冷冻干燥技术等，以提高产品的保鲜度和保存期，拓展产品的市场覆盖面。例如，某些土特产企业通过引入超高压技术，成功开发出延长保质期、保留营养成分的高端土特产加工产品，获得了市场的广泛认可。此外，企业还可以通过推动数字化和智能化技术的应用，提升土特产生产的精细化管理水平。企业可以利用物联网、大数据、人工智能等技术，对生产过程进行实时监控和数据分析，优化生产流程，提升产品的一致性和质量稳定性。这种数字化与智能化技术的应用，不仅提升了企业的生产效率，还增强了企业的市场竞争力和创新能力。

企业在推动土特产产业发展中，资金与技术的支持不仅推动了自身的发展，还能够促进整个产业链的协同发展，从而提升产业的整体竞争力。通过资金和技术的支持，企业能够推动土特产产业链上下游企业的紧密合作。例如，企业可以与原材料供应商、加工企业、物流企业等建立战略合作关系，通过技术共享、资源整合、联合研发等方式，共同提升产业链的效率和竞争力。这种产业链的协同发展能够有效降低生产成本，提高生产效率，同时增强产品的市场竞争力和品牌影响力。例如，某些土特产龙头企业通过与上下游企业的深度合作，建立了涵盖种植、加工、运输和销售的完整产业链体系，有效提升了整个产业链的协同性和市场响应能力。

企业还可以通过资金和技术的支持，帮助中小型土特产企业进行技术升级和生产改造。例如，企业可以提供技术咨询、设备租赁、培训服务等，帮助中小企业引进先进的生产技术和管理经验，提升其生产能力和产品质量。这种支持不仅能够增强中小企业的市场竞争力，还能够推动整个土特产产业的均衡发展和整体提升。例如，某些大型企业通过设立"企业＋农户"模式，为农户提供技术培训和设备支持，帮助其提升种植技术和管理水平，从而提升农户的生产效率和收入水平，推动了地方经济和土特产产业的协同发展。

为了推动土特产产业的可持续发展，企业还可以投资推广绿色环保的生产技术。例如，企业可以引入有机种植技术、可再生能源利用技术、废水废气处理技术等，减少土特产生产对环境的负面影响，提升产品的绿色含量和环保价值。这种绿色技术的推广，不仅符合可持续发展的要求，还能够增强产品在市场中的竞争力，提升消费者对品牌的认可度。例如，某些土特产企业通过引入有机种植技术，成功生产出符合有机认证的高端农产品，不仅提升了产品的市场价值，还吸引了更多重视健康和环保的消费者。

综上所述，企业在土特产产业资金与技术支持中的核心动力体现在资金投入、技术创新、产业链协同发展以及绿色技术推广等方面。通过充足的资金支持和技术投入，企业能够推动土特产产业的创新发展，提升产业的整体竞争力和可持续发展能力。未来研究应进一步探讨企业在资金与技术支持中的创新模式和最佳实践，为土特产产业的高质量发展提供更加科学的理论指导与政策建议。

特色产品产业中的创新与可持续发展循环

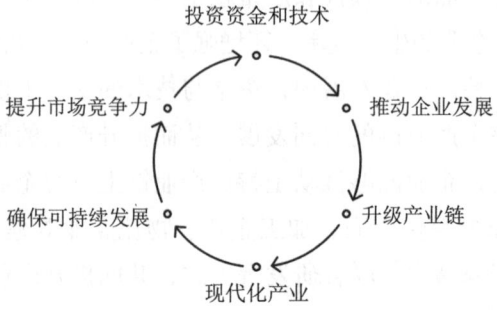

五、产业链整合与协同

产业链整合与协同是企业在土特产产业发展中扮演的核心纽带作用。通过有效整合上下游资源,企业能够在产业链的各个环节形成协同发展格局,从而提升土特产产业的整体竞争力,推动其向现代化、规模化和可持续化发展迈进。企业在整合过程中不仅承担着资源调配、技术引领的职责,还通过推动上下游主体的紧密合作,实现资源共享与优势互补,为产业链的稳定和发展提供了有力保障。企业在产业链整合与协同中的关键作用体现在强化与政府和社会的联系、建立紧密的上下游合作关系以及促进产业链的创新与升级等多个方面。以下将详细阐述企业在产业链整合与协同发展中的具体功能及其重要性。

首先,企业在产业链整合过程中,需要重视与政府和社会各界的联系与合作。通过密切关注政府政策、积极参与社会活动,企业能够获得政策支持、资金扶持和社会资源,从而进一步推动产业链的整合与协同发展。例如,企业可以密切关注政府发布的相关产业政策,如税收优惠、科技创新奖励、产业基金等,并积极争取这些政策支持和资金扶持。例如,在某些地区,政府为推动特色农业发展设立了专项扶持基金,企业可以通过申请这些资金,用于基础设施建设、技术研发和市场推广,从而提升产业链的整体发展水平。此外,企业还可以通过与地方政府的合作,参与地方产业规划和项目建设,获取更多的政策和资源支持。例如,某些土特产企业通过与地方政府的合作,共同建设现代农业示范园区和加工集散中心,不仅提高了企业在当地的影响力,还推动了区域经济的协调发展。

与此同时,企业可以通过参与社会公益活动提升自身形象,增强社会责任感和公众认可度,从而为产业链的整合发展赢得更多的社会支持。例如,企业可以组织或参与农村教育、环境保护、扶贫救助等公益活动,通过为当地社会作出贡献提升企业的社会形象和美誉度。这种积极参与社会活动的做法,不仅能够增强企业的品牌价值,还能为企业在产业链中的整合与协同发展提供更广泛的社会资源和支持。此外,企业还可以加强与社会协会、行业组织的沟通与合作。社会协会和行业组织在产业链整合中扮演着重要的协调和支持角色,能够帮助企业获取最新的市场信息和技术动态,提升企业在产业链中的协调能力和影响力。例如,企业可以加入土特产行业协会,通过参与行业会议、技术研讨和政策咨询,了解行业发展趋势,建立与其他企业、科研机构和政府部门的合作关系，共同推动产业链的整合与协同发展。

其次，企业在土特产产业链整合中，通过与农民、合作社等上下游主体建立紧密的合作关系，能够实现资源共享与优势互补，推动整个产业的可持续发展。农民和合作社作为土特产产业链的重要组成部分，是土特产原材料供应的主要来源。企业通过与农民合作社建立长期稳定的合作关系，可以确保原材料的稳定供应和质量控制。例如，企业可以与合作社签订长期采购合同，提供技术支持和培训，帮助农民提升种植、养殖技术和管理水平，提升产品质量和产量。这种合作模式不仅能够帮助农民增收，实现产业链上下游的双赢，还能够提升土特产产业链的整体质量和效益。此外，企业还可以通过推动上下游企业之间的资源共享与共同发展，优化整个产业链的运作效率。例如，企业可以与加工厂、物流公司等建立合作关系，共享技术、设备和市场资源，提升整个产业链的整体竞争力和市场反应能力。例如，某些土特产企业通过与物流公司合作，共同开发冷链运输技术，确保土特产在运输过程中保持新鲜度和品质，从而提升了产品的市场竞争力和品牌形象。

在产业链整合中，企业还可以推动产业链的纵向一体化发展，以进一步提升资源控制力和市场竞争力。纵向一体化发展模式指的是企业通过投资或并购，将上下游企业纳入自身的产业体系，形成从原材料供应、生产加工到市场销售的完整产业链。这种发展模式不仅能够帮助企业掌控上游资源、稳定原材料供应，还能够降低生产和运营成本。例如，某些大型土特产企业通过并购原材料供应商和加工企业，形成了从农产品种植、加工、运输到销售的全产业链一体化运营模式，有效提升了企业的资源配置能力和市场竞争力。这种纵向一体化发展模式，能够提高产业链各环节之间的协同效率，降低中间环节的交易成本，从而提升整个产业链的整体效益和市场竞争力。

在产业链整合与协同过程中，企业还应注重推动产业链的创新与升级，通过技术创新、管理创新和模式创新，提升土特产产业的整体竞争力。技术创新是推动产业链升级的重要手段。企业可以通过引进和应用先进技术，提升整个产业链的技术水平。例如，企业可以推动农业技术、加工技术和物流技术的创新应用，提升原材料的生产效率、产品的加工精度和物流的运输效率。这些技术创新不仅能够提升土特产的品质和市场附加值，还能够推动整个产业链向高效、绿色和智能化方向发展。与此同时，企业还可以通过管理创新提升产业链的整体运作效率。例如，企业可以引入现代管理理念和信息化管理系统，优化产业链各环节的管理流程，实现资源的高效配置和协同管理。例如，企业通过引入供应链管理系统，能够实现对原材料供应、生产加工、市场销售等环节的实时监控和管理，及时调整运营策略，提升产业链的响应速度和管理效率。

此外，企业在产业链整合中，还可以探索新的商业模式，增强产业链的竞争力。例如，企业可以探索"企业＋合作社＋农户"的产业联动模式，通过与合作社和农户的紧密合作，实现利益共享和风险共担。这种联动模式能够有效提升产业链的整体竞争力，增强各主体在市场中的话语权。同时，企业还可以尝试发展电商平台、直销渠道等新型销售模式，提升产业链的市场拓展能力和市场占有率。例如，某些土特产企业通过自建电商平台，实现了从生产到销售的全链条管理，打通了从原材料供应到终端销售的各个环节，大幅提升了市场拓展能力和品牌影响力。这种模式创新不仅能够增强企业的市场竞争力，还能够推动整个产业链的持续创新和升级。

综上所述，企业在土特产产业链整合与协同发展中发挥着至关重要的纽带作用。通过强化与政府和社会的联系、建立紧密的上下游合作关系，以及推动产业链的创新与升级，企业能够提升产业链的整体协同性和市场竞争力，为土特产产业的持续发展提供坚实的保障。未来研究应进一步探讨企业在产业链整合与协同发展中的最佳实践与创新模式，为土特产产业的高质量发展提供更加科学的理论指导与实践经验。

推动土特产产业可持续发展的因素

第三节 农 民

农民在发展土特产中扮演着至关重要的角色,他们不仅是土特产的生产者,更是推动土特产发展的核心力量。

一、生产者与供应者

生产者与供应者:农民在土特产产业中的基础作用。 农民在土特产产业链中扮演着不可替代的角色,他们既是土特产的直接生产者,也是确保整个产业链稳定发展的源头力量。凭借对当地自然资源的深入了解、传统生产技术的代代传承以及丰富的种植和养殖经验,农民在土特产的生产和供应中发挥着基础性作用。通过保障优质原料的稳定供应,他们不仅为土特产的高品质和市场竞争力提供了支撑,还为整个产业链的发展奠定了坚实的基础。以下将从资源利用、技术传承与创新以及供应保障等方面,详细探讨农民在土特产生产与供应中的具体功能及其重要性。

农民在土特产的生产过程中,充分利用当地的独特自然资源,生产出具有地域特色的优质产品。这种因地制宜的生产方式赋予了土特产独特的品质,使其在市场上具有不可复制的竞争优势。在实际生产中,农民依托当地特有的地理条件,如山地、丘陵、河谷等特定地形种植或养殖出具有独特风味和品质的农产品。例如,高山地区出产的茶叶因生长在独特的气候和土壤条件下,具备了独特的香气与口感,而这种因地制宜的茶叶种植方式,也使得这些产品具备了显著的地理标识和文化附加值,吸引了大量注重产品独特性和品质的消费者。此外,农民还可以利用当地丰富的生物资源,发展多样化的土特产生产。例如,在森林覆盖率较高的地区,农民可以发展林下经济,种植食用菌、野菜,或进行药材的采集与栽培。这些依靠天然资源生产的土特产,因其天然绿色的特点而在市场上具有较高的附加值和较强的竞争力。农民在生产过程中通过因地制宜地利用这些资源,不仅提升了土特产的多样性,也为其在市场上的差异化竞争奠定了基础。

在技术层面,农民通过传承和创新传统生产技术,保障了土特产产品的独特性和高质量。这些传统技术不仅是地方文化的重要组成部分,也是土特产能够在市场中脱颖而出的核心竞争力之一。许多土特产的生产过程依赖于代代相传的传统技艺，如传统的手工酿酒、手工制茶、腌制技艺等，这些技艺在农民的精心传承下，确保了产品的独特风味和质量的稳定性。例如，某些地区的传统腌制技艺在发酵温度、盐分比例、腌制时间等方面都有严格的标准，农民在生产过程中严格遵循这些标准，从而生产出具有独特风味的土特产。正是这些精细化的传统技艺，使得土特产在市场中形成了鲜明的差异化优势，赢得了消费者的青睐。

与此同时，农民在保持传统技艺的基础上，也在不断结合现代技术进行创新，以提升产品的质量和生产效率。例如，在传统种植技术的基础上，农民引入了现代农业科技，如滴灌技术、温室种植技术等，以优化生产条件、提升作物的产量和品质。此外，农民还可以通过与科研机构合作，引进新品种或改良现有品种，提高作物的抗病虫害能力，从而进一步提升产品的市场竞争力。这种在传统技艺与现代技术结合中的创新，不仅提升了土特产的整体质量和附加值，还使农民能够在现代农业转型过程中，稳固自身在产业链中的基础地位，进一步推动土特产产业的发展和升级。

农民在土特产产业链中还起着重要的供应保障作用。作为土特产的直接生产者，农民的生产活动为整个产业链提供了稳定的原料供应，从而确保了产业链的平稳运转和市场需求的持续满足。通过科学合理的种植与养殖安排，农民能够有效地调控生产节奏，保障产品的持续供应。例如，农民根据不同作物的生长周期和市场需求，制订合理的种植和养殖计划，确保每个生产季节都有足够的产品供应市场，避免市场出现产品短缺的现象。这种稳定的供应，不仅能够平衡供需关系，还能够稳定市场价格，增强消费者对土特产的信任度和品牌忠诚度。

此外，农民在应对市场需求波动方面表现出较高的灵活性与适应性。例如，当某类土特产的市场需求出现大幅增长时，农民可以通过扩种或增加养殖规模，迅速提升产品供应量，以满足市场的旺盛需求。而当市场需求下降时，农民义能够迅速调整生产策略，减少生产规模，或转向其他具有市场潜力的作物或产品种类，以降低市场风险，保持稳定的收入水平。这种生产灵活性不仅有助于保障市场供应，还能够有效提升农民在市场中的应变能力，为整个产业链的稳定发展提供了有力支持。

农民在产业链中的生产活动还直接关系到土特产产业链的源头供应。稳定的原材料供应，不仅为后续的加工、包装和销售环节提供了保障，也为整个产业链的协同发展奠定了基础。例如，高质量的农产品原料能够帮助下游加工企业提升产品质量,从而增强其在市场中的竞争力。反之,如果原料供应不稳定或质量参差不齐,则会对整个产业链造成负面影响。因此,农民通过高质量的生产活动,确保了产业链下游企业能够获得稳定且优质的原材料,推动整个土特产产业链的良性循环和可持续发展。

综上所述,农民作为土特产产业链的基础力量,在生产与供应中起着不可替代的作用。他们通过合理利用当地自然资源、传承与创新传统生产技术、保障产品的稳定供应,为整个产业链的稳定发展奠定了坚实的基础。同时,农民在应对市场变化、提高产品质量和推动产业升级方面展现出的灵活性与创新性,使他们在土特产产业链中扮演着重要的角色。未来研究应进一步探讨如何更好地提升农民在产业链中的能力与地位,为土特产产业的高质量发展提供更加科学的指导与实践支持。

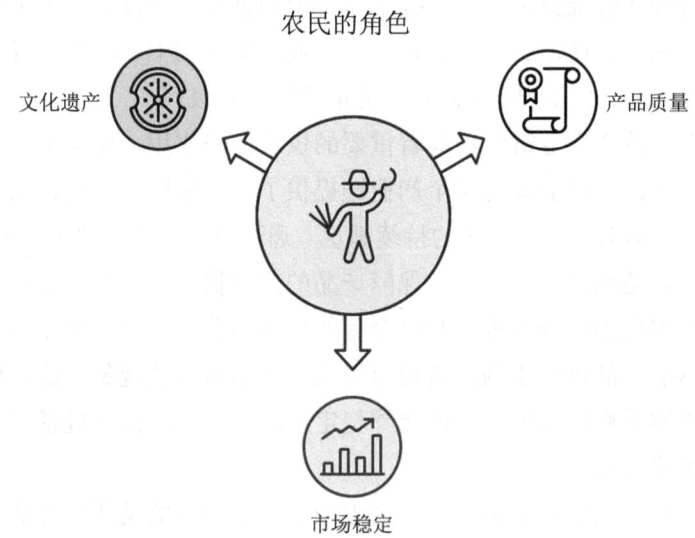

二、文化传承者

文化传承者:农民在土特产产业中的文化纽带作用。农民在土特产产业中不仅是产品的直接生产者,更是文化的传承者和传播者。他们通过传统的生产方式,保持并传递了地方文化的精髓,使土特产不仅具备经济价值,更承载了深厚的文化内涵。农民在生产土特产时所展现的传统技艺、文化故事与风俗习惯,不仅为土特产产品赋予了独特的文化符号,也成地方历史、文化和生活方式的重要象征。以下将从传承传统技艺、弘扬地方文化以及增强社区文化认同等方面，探讨农民在文化传承方面的具体作用及其重要性。

首先，农民通过传承传统技艺，保持了土特产的独特风味与品质，这些技艺往往经过数代人的积累与打磨，成为地方文化的重要组成部分。传统手工技艺的代代相传，是农民在土特产生产中最具文化意义的实践之一。例如，传统的手工酿酒、手工制茶、腌制技艺等，均依赖于农民对每个细节的精准把控。这些技艺不仅在产品质量上形成了稳定的标准，还塑造了土特产的独特风味，使其在市场中拥有了鲜明的辨识度和文化价值。农民通过这些技艺的严格传承，不仅延续了地方的生产传统，还在无形中维护了地方文化的独特性。手工技艺的每一次使用，都是对历史的追溯与文化的再现，它使土特产成为地方文化记忆的一部分，并通过产品进入市场后，进一步传播了地方文化的精髓。

在实际生产过程中，农民通常会严格遵循传统的生产流程，以保持产品的原汁原味。例如，传统手工制茶的每一个步骤都有着严格的时间、温度和湿度的要求，任何一个环节的疏忽都可能影响茶叶的最终品质。因此，农民在生产过程中保持了对传统工艺的虔诚与敬畏。这种对传统技艺的遵循，不仅体现了农民对地方文化的深厚认同，也确保了土特产能够以最原始、最纯粹的风貌呈现在消费者面前。农民还会在生产中使用传统的工具和设备，如石磨、木桶等，这些工具本身承载着丰富的文化内涵，是土特产生产技艺与文化传承不可分割的部分。此外，在某些地区，农民的生产活动还与当地的传统节庆紧密结合，如在特定节日进行酿酒、制酱等活动。农民将这些节庆与生产活动有机结合，使得土特产生产不仅是一种经济行为，更是一种文化仪式。这种结合方式，让土特产成为地方文化的一部分，成为传递与弘扬地方文化的重要载体。

其次，土特产作为文化符号的载体，通过农民的生产实践，成为地方文化的重要传递者和弘扬者。土特产不仅仅是物质产品，它们背后往往承载着地方文化的符号意义，体现了地方的历史、风俗和生活方式。例如，许多土特产产品的名称、生产过程以及包装设计中，都融入了丰富的文化元素和历史故事。农民通过口口相传的方式，将这些文化故事与土特产产品紧密结合，使得消费者在购买和使用这些产品时，能够感受到其中的文化内涵。这种文化与产品的结合，不仅提升了土特产的市场价值，也使其成为地方文化传播的重要途径。土特产背后的文化故事，如产品起源、制作方法的由来等，赋予了产品以文化灵魂，使其在市场上更具吸引力和生命力。例如，某些地方特产食品以传说中的历史人物命名，或是与地方风俗紧密相关，这种文化符号不仅使产品具有鲜明的地方特色，也成为地方文化的象征和标志。

农民在生产过程中还会遵循许多地方习俗和礼仪。例如，在生产某些传统食品时，农民可能会在特定的时间段或按照特定的方式进行生产，以符合当地的风俗习惯或农事节气。这些生产习俗不仅让土特产带有浓厚的地方色彩，也使得地方文化得以代代相传。在某些地区，农民甚至会在生产过程中融入祈福仪式、祭祀活动等文化仪式，将生产与文化活动紧密结合。这些仪式活动不仅是生产流程的一部分，更是一种文化的表达方式，使得土特产成为地方文化的物质化体现。通过这些文化习俗的保留，土特产生产成为地方文化的活态传承，帮助人们在品尝美食的同时，感受和理解地方的历史与文化。

农民还通过土特产的商品化与推广，将地方文化传播到更广泛的市场。土特产的商品化，不仅是一种经济活动，更是地方文化传播的重要途径。例如，农民在产品包装设计、产品命名和广告宣传中融入了地方文化元素，如传统工艺、地方传说、民间艺术等，这种将文化符号融入商品的方式，使得土特产产品在市场上具有鲜明的文化标识。例如，一些地方的土特产企业以当地特有的民间故事和文化传说为主题，设计出具有浓郁地方特色的包装和广告，使消费者在购买产品时，能够直观地感受到地方文化的魅力。这种文化符号的商品化，有效提升了产品的市场吸引力，同时也将地方文化传播到更广泛的受众群体。

此外，农民在文化传承中的作用还体现在社区文化认同与凝聚力的增强上。通过共同的文化实践，农民在社区中形成了强烈的文化认同感与归属感，这种文化认同感在推动土特产发展中起到了重要作用。农民通过参与土特产生产，形成了对本地文化的深厚认同感。这种认同感不仅体现在对生产技艺的尊重和传承上，还体现在对地方文化的自豪感和归属感上。例如，在某些传统手工艺人聚集的社区，农民通过共同的生产活动，形成了强烈的集体文化认同，这种认同感有助于社区内部的团结和合作，为土特产的发展提供了内在的文化动力。同时，通过共同的文化活动和生产实践，农民在社区中建立了深厚的社会纽带，增强了社区的凝聚力。例如，某些地方的农民会组织制酱、酿酒等集体活动，这些活动不仅是生产过程的一部分，也是社区文化生活的重要组成部分。通过这些集体活动，社区成员之间的联系更加紧密，社区的凝聚力得到加强，为土特产产业的共同发展提供了稳定的社会基础。

综上所述，农民在土特产产业中扮演着重要的
文化纽带作用。他们通过传承传统技艺、弘扬地方
文化、增强社区文化认同与凝聚力，不仅赋予了土
特产产品深厚的文化内涵，也成为地方文化得以保
存、传递和弘扬的重要力量。农民的生产实践既是
经济活动的延续，也是文化记忆的保存和再现。未
来应进一步探讨如何在土特产产业中更好地发挥农
民的文化传承作用，为地方文化的传承与创新提供
更多的支持与实践指导。

 传统技艺

 地方文化

 社区凝聚力

三、创新者与探索者

创新者与探索者：农民在土特产产业中的变革驱动角色。在土特产产业的不断发展过程中，农民不仅是传统文化的守护者，更是积极的创新者和探索者。面对市场需求的变化和消费者口味的多样化挑战，农民通过引进新品种、优化生产工艺和创新营销模式，不断提升土特产的品质和附加值，为产业发展注入了新的活力。这种创新精神和探索能力，不仅帮助农民在市场中保持竞争力，也推动了整个土特产产业的现代化和可持续发展。以下将从新品种引进、工艺改进、生产模式创新等方面，详细探讨农民在创新与探索中的具体功能及其重要性。

首先，农民通过引进新品种，为土特产产业带来了多样化的发展可能性。面对市场需求的快速变化和消费者对产品多样性日益增长的追求，农民积极引进和培育新品种，不断丰富土特产的品类和市场选择。例如，农民可以通过引入抗病虫害能力强、产量高或营养价值更高的新品种，提高作物或养殖品的产量和品质。这种新品种的选择与培育，不仅提升了土特产的市场竞争力，还能够帮助农民更好地适应不同市场的需求，增加产品在市场中的灵活性和多样性。农民在实际操作中，通常会与农业科研机构紧密合作，通过科研指导和技术支持，确保新品种在引进和推广过程中能够成功适应本地的自然条件，避免因新品种不适应性而造成的经济损失。此外，农民还会进行小规模的试验种植或养殖，以观察新品种的适应性和市场反应。这种逐步推广的策略，不仅能够积累种植或养殖的实践经验，还能在推广过程中减少风险，提升新品种的推广成功率。

在新品种成功推广后，农民还会通过积极的市场推广活动，将新品种应

用于大规模生产。例如，农民可以组织新品种推广会、农业展览或新品种试吃活动，将这些新品种推介给其他农户和消费者。通过这些推广活动，农民不仅能够扩大新品种的知名度，还能吸引更多的农户参与到新品种的种植和养殖中来，共同提升土特产的市场竞争力和产业整体水平。这种推广与应用的结合，不仅有助于新品种的普及，还为整个土特产产业注入了新的活力。

其次，在传统技艺的基础上，农民通过不断改进生产工艺，提升土特产的品质和附加值，增强了产品的市场竞争力。传统工艺在保障土特产独特风味和质量稳定性的同时，也面临着生产效率低、技术水平不高等问题。为了应对这些挑战，农民结合现代农业技术，对传统工艺进行了系统性的改进。例如，通过引入温控发酵、精细化加工等现代技术，农民能够在保持土特产独特风味的同时，提升生产过程中的稳定性和产品的品质一致性。此外，农民还可以采用低温加工、真空包装等技术，在保障产品原汁原味的基础上，提升产品的保质期和营养价值。这些技术改进，不仅能够增加产品的附加值，还使其在高端市场中具有更强的竞争力。

在传统工艺改进的过程中，农民还特别注重环保和可持续生产工艺的探索。例如，通过减少化学添加剂的使用、推广有机种植和养殖技术，农民能够生产出更加绿色、环保的土特产产品。这些环保工艺的应用，不仅满足了市场对可持续产品的需求，也为土特产产业的绿色发展树立了典范。这种绿色工艺的探索，不仅提升了产品在国内外市场中的竞争力，还增强了消费者对产品和品牌的信任度，推动了土特产产业向绿色、环保方向的发展。

此外，为了更好地适应快速变化的市场环境，农民在生产和营销模式上也进行了大胆的创新。通过建立农民合作社或生产联盟，形成合作与共享的生产模式，共同投资、共享资源、分担风险。这种合作生产模式，不仅有效提升了生产效率，还增强了农民在市场波动中的抗风险能力。例如，通过合作社，农民能够集体采购生产资料、共享技术服务，降低生产成本，提升整体竞争力。同时，农民还积极探索线上线下结合的营销模式，以扩大土特产的市场覆盖面。通过开设网店、参与电商平台，农民能够直接面向消费者销售产品，减少中间环节，提升利润空间。此外，农民还通过线下展销会、农产品直销店等渠道，增强与消费者的互动，提升品牌的市场认知度和客户忠诚度。这种线上线下结合的营销模式，能够帮助农民更好地应对市场变化，拓宽销售渠道，增加收入。

在创新营销模式的过程中，农民还积极结合体验经济与品牌营销，以增强土特产的市场吸引力。例如，通过开设农家乐、乡村旅游等体验项目，农民能够让消费者亲身体验土特产的生产过程，增强产品的附加值和消费者的品牌忠诚度。同时，农民还可以通过故事营销、文化传播等方式，将土特产与地方文化紧密结合，打造具有独特文化魅力的品牌形象。这种体验与品牌营销的结合，不仅能够吸引更多消费者，还能够有效提升土特产在市场中的地位与形象。例如，一些地方特产企业通过组织消费者参与传统技艺的学习和体验活动，使消费者能够深入了解产品背后的文化与故事，增强了消费者对品牌的认可和情感联结。

农民的创新精神和探索能力还体现在产业的可持续发展中。他们通过创新生产方式和管理模式，推动了整个土特产产业的现代化进程。通过建立稳定的农民合作社和产业联盟，农民能够实现生产过程的规范化与规模化管理，提升产业的整体效率。同时，农民还探索引入数字化技术，如通过物联网和大数据技术，对种植和养殖过程进行精准管理，提高资源利用效率，降低生产成本。这些创新实践，不仅能够帮助农民更好地应对市场变化，还能够提升整个土特产产业的现代化水平，为产业的可持续发展提供了保障。

综上所述，农民作为土特产产业的创新者与探索者，积极推动了土特产的品种改良、工艺创新和生产模式的变革。他们通过引进新品种、改进传统工艺、创新生产与营销模式，不断提升土特产的品质和市场竞争力，为产业发展注入了新的活力。这种创新精神和探索能力，不仅帮助农民在市场中保持竞争力，也为土特产产业的整体现代化和可持续发展提供了重要动力。未来，应进一步探讨如何更好地支持和引导农民在土特产产业中的创新实践，为产业的持续繁荣和可持续发展提供更多的政策和技术支持。

创新还是保持传统？

创新者
提升市场价值

与

保持传统
维护遗产

四、品牌宣传者

品牌宣传者：农民在土特产产业中的推动发展角色。 在土特产产业的发展中，农民不仅是生产者和创新者，他们更扮演着品牌宣传者的角色。深谙品牌价值的重要性，农民通过各种渠道和手段积极宣传和推广自己的土特产，致力于提升产品的知名度和美誉度。在现代市场环境下，农民不仅利用传统推广方式，如参加展会、口碑传播，还积极使用社交媒体与电商平台等新兴数字化工具，成功地将地方特色产品推向更广阔的市场。这种全方位的宣传方式，帮助土特产产品在激烈的市场竞争中脱颖而出，并实现了品牌形象的提升。以下将从参与展会、利用数字化平台、结合传统与现代手段等方面，详细探讨农民在品牌宣传中的具体功能及其重要性。

首先，农民通过参与农展会和农产品交易会，利用这些平台展示土特产品牌特色，提升产品的市场影响力。农展会和交易会通常汇集了大量的采购商、消费者和媒体，成为农民推广土特产品牌的绝佳机会。在这些展会上，农民精心布置展台，通过产品展示、互动体验等方式，直观地向消费者传递产品的品质和独特性。例如，农民可以在展会现场展示土特产的生产工艺，如传统酿酒、制茶技艺等，让消费者目睹土特产的制作过程，增强消费者的信任感和品牌认同感。这种面对面的宣传方式，不仅能够拉近与消费者的距离，还能使品牌形象更加深入人心。

同时，农民在展会上能够直接获得市场反馈，了解消费者对产品口味、包装、价格等方面的真实需求。这种与消费者和采购商的直接交流，使农民能够根据市场需求调整和优化产品策略，从而更好地满足市场期望。此外，通过与采购商的洽谈，农民能够获得批量订单，进一步拓宽销售渠道，提升品牌的市场份额。例如，一些地方的特色产品在参加国家级展会后，迅速吸引了全国范围内的采购商，品牌知名度大幅提升，从而成功进入了全国市场。这种通过展会平台获得的推广效应，不仅为土特产品牌带来了更多的市场机会，还奠定了其在行业中的领先地位。

其次，在数字化时代，农民借助社交媒体和电商平台，拓展了品牌传播的广度和深度，推动了土特产的品牌化进程。社交媒体平台，如微信、微博、抖音等，成为农民品牌推广的重要工具。通过这些平台，农民能够以多样化的形式展示品牌特色，如发布短视频、直播带货、讲述品牌故事等。例如，通过直播带货，农民能够向消费者实时展示土特产的生产环境和制作过程，增强品牌的真实性和吸引力。这种即时互动的形式，拉近了品牌与消费者之间的距离，并通过社交媒体的分享与传播，进一步扩大了品牌的影响力。此外，农民还可以利用社交媒体平台与消费者直接沟通，了解消费者的疑问和建议，增强消费者对品牌的信任度和忠诚度。

电商平台的应用，为农民提供了突破地域限制的销售渠道。通过开设网店或参与主流电商平台，如天猫、京东、拼多多等，农民能够将土特产产品销往全国乃至全球市场。例如，某些地方特色农产品通过电商平台的促销活动和直播带货，实现了销售额的快速增长，并成功提升了品牌知名度。此外，电商平台的用户评价和反馈机制，为农民提供了宝贵的市场信息，帮助他们优化产品和服务，进一步提升品牌的市场认可度和美誉度。通过社交媒体和电商平台，农民能够高效地推广品牌，扩大土特产的市场覆盖面，并在全国市场上树立良好的品牌形象。

在品牌宣传中，农民还通过内容营销的方式，传播品牌故事，增强品牌的文化内涵和市场吸引力。品牌故事的传播能够使消费者更深入地了解土特产背后的历史和文化，从而增加对品牌的情感共鸣。例如，农民可以通过撰写品牌发展历程、拍摄纪录片、发布品牌故事等形式，让消费者了解产品的生产背景、文化价值和历史传承。这种以文化和情感为核心的品牌传播，不仅提升了品牌的文化附加值，还增强了品牌的市场竞争力和消费者的情感认同感。例如，某些地方的土特产品牌通过讲述家族代代传承的手工艺故事，吸引了众多消费者的关注和喜爱，并在市场中树立了高端、精致的品牌形象。

此外，农民在品牌推广过程中，通过将传统推广方式与现代数字化手段相结合，实现了品牌传播的最大化，提升了土特产的市场影响力。传统推广方式，如口碑宣传、社区推广、参与地方节庆活动等，依然在农民的品牌宣传中占据重要地位。例如，农民通过口耳相传、参加本地活动等方式，维持和提升本地市场的品牌认知度和忠诚度。在此基础上，农民还创新性地结合现代元素，设计出更符合当代消费者审美的品牌标识和包装，提升品牌的视觉吸引力。这种传统与现代相结合的推广方式，不仅能够有效维护和拓展品牌的市场基础，还为品牌注入了新的生命力。

与此同时，农民还通过线上线下的联动推广，全面提升品牌的市场渗透力。在线上，农民通过电商平台和社交媒体进行广泛的品牌宣传和销售；在线下，农民则通过实体店铺、展会参展、社区推广等方式，增强消费者的品牌体验和信任感。例如，某些地方的特色农产品品牌通过线上直播与线下体验活动的结合，不仅提升了品牌的曝光度，还增强了消费者对品牌的黏性和忠诚度。这种线上线下联动的推广策略，有效提升了品牌的整体营销效果，为品牌在市场中的稳健发展提供了保障。

农民在品牌宣传中，还通过跨界合作和品牌联合推广，进一步提升了品牌的影响力和市场知名度。跨界合作是指农民与其他品牌或行业共同推广，实现品牌的互补效应。例如，农民可以与旅游企业、餐饮连锁品牌合作，将土特产作为地方特色美食或旅游纪念品推广，吸引更多的目标消费群体。这种跨界合作能够增强品牌的市场渗透力，并通过品牌间的资源共享和互利合作，提升品牌的市场知名度和美誉度。例如，某些地方特产品牌通过与高端酒店、精品餐饮连锁的合作，成功进入了高端消费市场，进一步提升了品牌形象和市场地位。

综上所述，农民作为土特产品牌的宣传者，通过参与农展会、利用社交媒体和电商平台，以及结合传统与现代的多渠道推广策略，有效提升了土特产的知名度和美誉度。他们通过积极的品牌宣传，不仅推动了产品的市场扩展，也提升了土特产的市场价值和品牌竞争力。这种多元化的品牌宣传策略，为土特产产业的可持续发展注入了新的动力，也为地方经济的繁荣提供了有力支持。未来，应进一步加大农民在品牌推广中的支持力度，帮助他们更好地利用现代化的营销手段，推动土特产品牌的持续壮大与发展。

五、利益共享者

利益共享者：农民在土特产产业中的共赢角色。在土特产产业的发展过程中，农民不仅扮演着生产者和品牌宣传者的角色，他们更是利益共享者，通过深度参与产业链的各个环节，与合作社、企业等形成了紧密的合作关系，共同分享土特产增值带来的收益，实现了多方共赢。农民的利益共享不仅促进了他们的经济独立性和稳定性，也为整个产业链的可持续发展提供了内在动力和保障。以下将从订单生产、入股分红和合作共赢三个方面，深入探讨农民在土特产利益共享中的具体作用及其重要性。

1. 订单生产：保障稳定收益与市场需求对接

订单生产模式是一种有效提升农民收益稳定性、规避市场波动风险的生产方式。在这种模式下，农民通过与企业或合作社签订订单协议，提前锁定产品销售渠道，从而确保市场需求与生产活动的有效对接。

首先，订单生产模式能够帮助农民提前锁定销售渠道，有效规避市场波动风险。传统的农业生产往往面临着较大的市场风险，如价格波动、需求不确定等问题。而在订单生产模式下，农民通过与企业或合作社签订订单协议，依据订单要求进行种植或养殖活动，从而提前确定产品的销售量和销售价格。例如，某些地方的农民与龙头企业签订订单协议，企业根据市场预测提前下达生产订单，农民按照订单进行生产。这种模式使得农民能够避免市场需求不足或产品滞销的风险，确保了土特产的稳定供应和销售。

其次，订单生产模式能够为农民提供稳定的经济收益。由于订单合同通常会明确产品的销售价格和数量，农民可以提前预估自己的收入，减少了因市场价格波动带来的不确定性。例如，农民在签订订单协议时，可以与企业约定一个相对固定的采购价格，无论市场价格如何波动，农民都能按约定价格出售产品，从而获得稳定的收益。这种机制在农产品价格波动较大的市场环境中尤为重要，不仅提高了农民的经济安全感，还增强了他们的生产积极性和稳定性。

最后，订单生产模式还能够提升农民的生产技术水平和产品质量。在订单生产中，企业通常会为农民提供技术支持和质量标准要求，以确保产品符合市场需求。例如，企业可能会为农民提供种植或养殖技术指导、病虫害防治措施、生产管理培训等，帮助农民掌握先进的生产技术，从而提升土特产的质量和市场竞争力。通过这种技术与管理的介入，农民能够更好地优化生产过程，提高产量和产品质量，增强在土特产市场中的竞争优势。

2. 入股分红：增强农民的参与感与收益分享

入股分红模式是一种创新的利益共享机制，农民通过将自己的土地、劳动力或资金等资源投入合作社或企业中，成为产业链中的利益相关者，从而能够分享产业增值带来的收益。这种模式不仅提升了农民在产业中的参与感，还为他们带来了额外的经济回报和保障。

首先，入股分红模式能够使农民成为土特产产业链中的资本参与者，分享产业发展的红利。例如，农民可以将自己的土地、劳动力或资金作为股本，入股合作社或企业，参与到土特产的生产、加工和销售环节中。当合作社或企业实现盈利时，农民能够根据其所持股权比例获得分红收益，从而实现利益共享。例如，在某些地区，农民通过将土地入股合作社，在保留土地使用权的同时获得股东身份，每年按比例分享合作社的盈利。这种模式不仅为农民带来了稳定的额外收入，还增强了他们对产业发展的积极性和责任感。

其次，入股分红能够激励农民更积极地参与土特产的生产与管理活动。由于农民不仅是生产者，也是企业或合作社的股东，他们对产品质量、技术创新等问题更加关注。例如，农民可能会更加注重科学种植、合理施肥和病虫害防治等细节管理，因为这些因素直接关系到合作社或企业的效益，从而影响他们的分红收益。这种利益捆绑机制有效地提升了农民的生产积极性和责任感，促进了土特产产业链的高效运转和可持续发展。

最后，入股分红模式还能够为农民提供稳定的经济保障。在农业生产周期较长、收入不稳定的情况下，农民通过入股分红能够获得一种相对固定的收入来源。例如，当某一年的农业收成不佳时，农民仍然可以依靠入股分红获得一部分收入，减轻经济压力。这种多元化的收入来源，不仅提升了农民的抗风险能力，还增强了他们在产业中的经济独立性和可持续发展能力。

3. 合作共赢：构建紧密的产业合作关系

通过与合作社、企业建立紧密的合作关系，农民与其他产业主体实现了资源共享和优势互补，共同推动土特产产业的健康发展。农民在这种合作共赢关系中，不仅能够获得更多的市场资源，还能够借助合作社和企业的平台提升生产效率和市场竞争力。

首先，合作社是农民实现利益共享的重要平台。农民通过加入合作社，能够集体组织生产和销售活动，享受规模经济带来的效益提升。例如，合作社可以集中采购生产资料，降低农民的生产成本；同时，合作社可以统一进行产品销售，提高市场议价能力，确保农民获得更好的销售价格。此外，合作社还可以为农民提供技术培训、市场信息等支持，提升农民的生产技术和市场敏感度。这种合作模式不仅增强了农民的生产能力和市场竞争力，还提高了土特产产业的整体效益。

其次，与企业的长期合作能够推动农民融入更广泛的市场体系。农民通过与企业建立长期合作关系，能够获得技术支持、资金投入和市场推广资源。例如，企业可以与农民签订长期合作协议，提供必要的种植或养殖技术，并在产品推广和销售方面提供支持。这种合作不仅提高了农民的生产效率和产品质量，还帮助土特产更快地进入市场，提升品牌知名度和市场占有率。

最后，通过与合作社、企业的合作，农民成为土特产产业链中不可或缺的一环。这种合作不仅实现了农民、合作社和企业之间的资源共享，还推动了整个产业链的协同发展。例如，农民通过与企业的合作，企业可以在加工、包装、销售等环节为农民提供增值服务，而农民则为企业提供稳定的原材料供应。通过这种紧密的合作关系，土特产产业链各环节得以高效运转，实现了各方的利益共赢。

农民在土特产产业中的利益共享角色，通过订单生产、入股分红以及与合作社和企业的紧密合作，实现了产业链各环节的资源整合和互利共赢。这种利益共享机制不仅提升了农民的经济收益和生产积极性，还为土特产产业的可持续发展提供了坚实的基础。在未来的产业发展中，应该进一步优化利益共享机制，提升农民在产业链中的参与度和收益水平，从而推动土特产产业的全面发展和乡村经济的振兴。

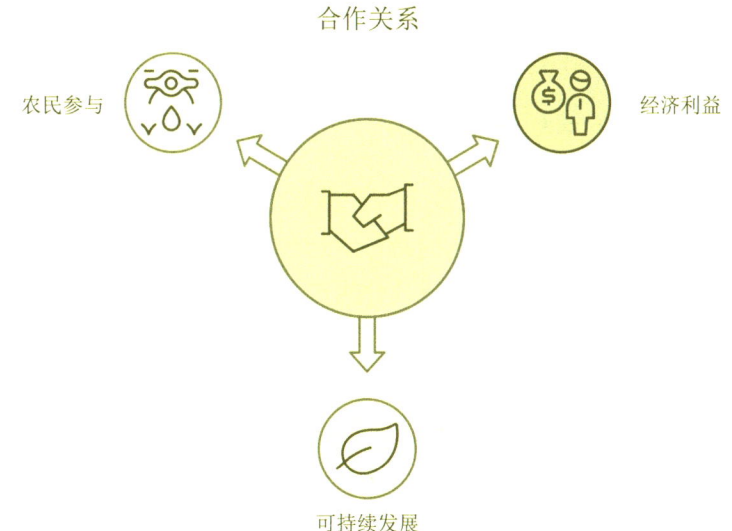

第四章 "新土特产"的特点与发展趋势

第一节 "新土特产"的定义与内涵

"新土特产"是一个相对较新的概念,随着现代农业的发展和市场需求的变化而逐渐形成。它不仅保留了传统土特产的地域性和独特性,还融入了现代科技、市场营销和消费理念的元素。

一、"新土特产"的核心特征

"新土特产"作为一种在传统土特产基础上进行创新与升级的产品形态,展现出了与传统土特产明显不同的特征。这种创新型的土特产不仅保留了原本的地域特色和文化价值,还在现代化生产技术和市场化运作方面有了显著提升。以下从地域性特征、现代化特征和市场导向三个方面对"新土特产"的核心特征进行详细探讨。

1. 地域性特征

地域性特征是"新土特产"区别于其他农产品的核心特征之一。它指的是某一特定地区由于独特的自然条件、气候、土壤和生态环境所生产的农产品。这种地域性使得"新土特产"不仅具有独特的风味和品质,还承载着浓厚的地域文化和历史内涵。

首先,地域性特征使"新土特产"具有无法复制的独特风味和品质。例如,在某些高海拔山区种植的茶叶,由于昼夜温差大、土壤富含有机质,茶叶不仅具有特殊的香气和滋味,还富含多种营养成分。这种风味和品质的独特性,使得"新土特产"在市场中具有显著的辨识度和吸引力。

其次,地域性特征赋予了"新土特产"独特的文化内涵。许多"新土特产"在生产和加工过程中融入了当地的传统技艺和风俗习惯。例如,某些地方的特色农产品,如手工酿造的黄酒、以传统工艺制作的腌制品等,都在其生产过程中严格遵循了代代相传的技艺和流程。这些传统工艺不仅保证了产品的原汁原味，还使得"新土特产"成为当地文化的重要象征，展现了浓厚的地方文化和生活方式。

最后，地域性特征使得"新土特产"成为地方品牌的重要组成部分。依托于独特的地域资源和生态环境，"新土特产"能够形成强有力的地域品牌效应，为当地农业发展和经济振兴提供了重要支持。通过地理标志认证、区域公共品牌建设等方式，"新土特产"能够进一步增强其品牌价值和市场竞争力，在全国乃至全球市场中获得广泛认可。

2. 现代化特征

"新土特产"在生产、加工和管理过程中融入了现代科技和管理理念，从而展现出鲜明的现代化特征。这种特征使"新土特产"不仅在生产效率和产品质量上有了显著提升，还能够更好地满足现代消费者对食品安全和品质的高要求。

首先，"新土特产"通过引入先进的农业生产技术，如精准农业、智能化设备和无人机监测等，提高了生产的精准性和效率。精准农业技术能够通过对土壤、水分、养分等环境因素的实时监测和调控，实现农业生产的精准管理，降低资源浪费，提高产品的质量和产量。例如，一些地区的"新土特产"采用智能灌溉和施肥系统，根据作物的生长需求精准供给水分和养分，显著提升了作物的生长效率和品质。

其次，"新土特产"在生产过程中采用了现代生物技术，如基因改良和无公害种植技术等。这些技术不仅提升了农产品的抗病虫害能力，还提高了产品的营养价值和安全性。例如，某些特色水果通过基因改良技术培育出了更高的维生素含量，同时具备耐储存、耐运输等优良特性，极大地增强了产品的市场竞争力。

最后，"新土特产"在管理上采用了现代化的生产和质量控制体系，如 ISO 质量管理体系、HACCP 食品安全控制体系等，确保产品从生产到销售的全过程都符合国际标准。这种系统化和标准化的管理模式，不仅提升了土特产的质量一致性和安全性，还使得产品更容易进入高端市场和国际市场，拓宽了其市场应用和发展空间。

3. 市场导向

与传统土特产相比，"新土特产"更加注重市场导向和消费者需求，体现出高度的市场敏感性和适应性。通过市场调研、品牌建设和消费者反馈机制的引入，"新土特产"能够迅速了解和响应市场需求的变化，不断优化和升级产品，以保持其市场竞争力。

首先,"新土特产"通过市场调研深入了解消费者的需求和偏好,从而制定出精准的产品开发和推广策略。例如,在市场调研中,农民和企业可以发现消费者对绿色有机、健康营养、便捷消费等特点的高度关注,从而针对这些需求开发出相应的产品线,如有机蔬菜、功能性饮品和即食土特产等。这种市场导向的产品开发方式,使得"新土特产"能够更好地满足现代消费者的多样化需求。

其次,"新土特产"高度重视品牌建设,强调品牌的市场定位和文化内涵。通过品牌化运作,"新土特产"不仅能够提升产品的市场认知度,还能通过品牌故事、产品包装设计等方式增强产品的文化价值。例如,某些地方的"新土特产"在品牌推广过程中,将产品与当地的历史文化、风土人情紧密结合,以品牌故事的形式进行宣传,不仅提升了产品的附加值,还增强了消费者的品牌忠诚度。

最后,"新土特产"注重与消费者的互动和反馈机制,能够根据市场反应及时调整产品策略和营销策略。例如,通过电商平台和社交媒体,农民和企业能够直接获取消费者对产品的评价和反馈,从而根据这些信息优化产品的口味、包装和营销方式。这种快速响应市场变化的能力,使得"新土特产"能够在激烈的市场竞争中保持活力和创新性。

"新土特产"在地域性、现代化和市场导向三个方面展现出鲜明的特征。这些特征不仅使"新土特产"能够在市场中脱颖而出,还为其品牌价值和市场竞争力的提升提供了坚实的基础。未来,随着农业现代化进程的不断推进和消费者需求的日益变化,"新土特产"将进一步在创新和品牌化发展中实现突破,成为引领地方经济和农业发展的重要力量。

二、"新土特产"的内涵及其发展特征

"新土特产"作为一种基于传统土特产创新发展而形成的新型农产品形态,其内涵不仅在产品的多样性、创新性和可持续性上有所体现,还反映了其在文化价值、品牌化和市场化方面的综合发展特征。这种多元而复杂的内涵,使得"新土特产"在现代农业产业体系中扮演了不可替代的重要角色。以下将从多样性与创新性、可持续性、文化价值以及品牌化与市场化四个方面详细阐述"新土特产"的内涵。

1. 多样性与创新性:丰富产品形态与创新发展路径

"新土特产"的多样性体现在产品形态的丰富与功能的多元化方面。传统

土特产主要以原材料形态的农产品为主，如水果、蔬菜、粮食等，而"新土特产"则涵盖了更多的产品类别和形式，如地方特色调味品、发酵饮品、保健食品等。这些产品不仅保留了原有的地方特色和独特风味，还通过深加工和功能化处理，增加了产品的附加值和市场吸引力。

首先，产品形态的多样化能够更好地满足不同消费者的多样化需求。随着消费者对食品种类和功能的要求不断提升，"新土特产"在传统产品的基础上，通过加工工艺的创新和食品科技的应用，研发出了更具营养价值、功能性更强的产品。例如，某些地方特色水果可以通过现代化的冷冻干燥技术制成高抗氧化能力的水果干，而传统粮食作物则可以加工成即食冲调的营养粉，便于消费者的快速食用。这种多样化的产品形态，不仅丰富了土特产的市场品类，还提升了产品的市场适应性。

其次，创新性是"新土特产"区别于传统土特产的显著特征之一。通过引入现代农业科技和加工技术，"新土特产"能够实现从生产到加工、从包装到营销的全方位创新。例如，某些地方的传统中草药通过提取和精细加工，被制成功能性保健品或药食同源产品，这种创新使得传统中草药的价值在市场中得到进一步提升。与此同时，农业科技的进步，如精准农业、智能管理系统的应用，使得"新土特产"能够在提升生产效率和产品质量的同时，保持其独特的风味和特质。

2. 可持续性：实现生态与经济效益的平衡发展

可持续性是"新土特产"在现代农业发展中被广泛认可的核心理念之一。与传统农业生产模式不同，"新土特产"在生产和加工过程中更加强调对生态环境的保护和资源的合理利用，力求实现生态效益与经济效益的双赢局面。

首先，生态农业的推广是"新土特产"实现可持续发展的重要途径之一。在"新土特产"的生产过程中，农民采用了多种生态友好的农业技术，如有机种植、轮作休耕、林下种养等，以减少化肥和农药的使用，保护土壤和水资源。这些生态农业技术不仅能够改善农产品的品质和安全性，还能够维持农业生态系统的平衡，减少对环境的负面影响。例如，某些地方通过发展有机果蔬种植和绿色养殖项目，不仅减少了化学物质的污染，还提升了农产品的生态价值和市场认可度。

其次，可持续的生产模式能够帮助"新土特产"实现长远的发展目标。例如，利用可再生资源和环保生产工艺，可以有效降低生产过程中的能源消耗和污染物排放。同时，发展循环经济模式，将农业生产过程中的副产品和废弃物转化为有用资源,如将果蔬加工废料转化为有机肥料或饲料,形成资源的有效循环利用。这种生产模式不仅提高了资源的利用率,还提升了农产品的整体附加值,为"新土特产"的可持续发展提供了坚实的基础。

3. 文化价值:传承与传播地方文化的载体

"新土特产"不仅是一种商品,更是地方文化的象征和载体。它承载了地方的历史传统、风俗习惯和饮食文化,成为区域文化传播的重要媒介。在推广"新土特产"的过程中,文化价值的传承与传播起到了不可替代的作用。

首先,地方文化的传承是"新土特产"文化价值的重要体现。许多"新土特产"在生产和加工过程中,保留了当地传统的生产工艺和流程。例如,某些地方的传统酿酒工艺和制茶技艺,经过几百年甚至上千年的发展,形成了独特的文化内涵和品质标准。这些传统工艺不仅保证了土特产的独特品质,还成为地方文化的重要组成部分,体现了农民对传统文化的坚守和尊重。

其次,文化价值的传播能够增强"新土特产"的品牌认同和市场影响力。在"新土特产"的品牌推广过程中,企业和农民通过讲述产品背后的文化故事,向消费者传递了丰富的文化信息。例如,在土特产的品牌宣传中,农民可以将产品的历史渊源、地方民俗、风土人情融入其中,使消费者在享用产品的同时,感受到浓厚的地方文化氛围。这种文化价值的传播,不仅提升了"新土特产"的附加值,还增强了消费者对品牌的忠诚度。

4. 品牌化与市场化:提升市场竞争力与拓展市场份额

"新土特产"的发展离不开品牌化和市场化的推动。通过品牌建设、市场推广和现代营销手段的综合应用,"新土特产"能够有效提升产品的市场竞争力和市场份额,为地方经济的发展提供强有力的支撑。

首先,品牌化发展是"新土特产"提升市场认知度和美誉度的重要手段。通过建立地方特色品牌,提升产品的知名度和市场影响力,能够有效吸引消费者的关注和购买。例如,某些地方通过打造区域公共品牌,如"XX茶""XX果"等,形成了强大的品牌效应,不仅提升了产品的市场竞争力,还增强了地方农业的整体发展水平。此外,通过品牌认证、地理标志保护等措施,能够进一步提升品牌的公信力和市场美誉度,为"新土特产"进入高端市场提供了有力支持。

其次,市场化运作是"新土特产"拓展市场份额的重要策略。在市场化过程中,农民和企业通过现代化的营销手段,如电商平台、社交媒体、品牌联动等,拓宽了销售渠道,提升了产品的市场占有率。例如,通过与电商平台合作，"新土特产"能够突破地域限制，将产品销售到全国乃至全球市场。与此同时，农民还可以利用社交媒体进行品牌宣传和用户互动，通过直播带货、短视频等形式吸引年轻消费者的关注。这种市场化的策略，不仅增强了"新土特产"的市场竞争力，还为其长远发展奠定了坚实的基础。

"新土特产"作为一种基于传统土特产创新升级的新型农产品，展现出了多样性与创新性、可持续性、文化价值以及品牌化与市场化等多方面的内涵。这些内涵特征使得"新土特产"在现代农业发展中占据了重要位置，成为推动地方经济振兴、生态环境保护和文化传承的重要力量。未来，随着农业科技的进步和市场需求的不断变化，"新土特产"将继续在创新发展中发挥关键作用，为现代农业产业体系的完善和地方经济的可持续发展作出更大贡献。

三、"新土特产"的典型特征及其发展优势

"新土特产"作为一种集现代农业生产、加工和营销于一体的新型农产品形式，不仅在传统土特产的基础上实现了创新升级，还在其经济价值、健康保障和文化内涵等方面展现出了显著的特色。以下将从高附加值、安全与健康、地方特色三个方面详细阐述"新土特产"的典型特征及其发展优势。

1. 高附加值：深加工与品牌化提升经济效益

高附加值是"新土特产"区别于传统土特产的重要特征之一。通过深加工和品牌化运作，"新土特产"能够大幅提升产品的经济效益和市场价值。这种附加值的提升不仅体现在价格的上涨和销售量的增长上，还体现在产品多元化和功能化的实现上。

首先，深加工为产品注入了更高的市场价值。传统的土特产多以初级农产品形式进入市场，如未经加工的水果、蔬菜、粮食等，这些产品在市场上通常存在价格波动大、保质期短等问题。然而，经过深加工后的"新土特产"，能够通过一系列现代工艺提升产品的保存性、营养性和功能性。例如，某些地方特色水果经过烘干、冷冻干燥或浓缩加工后，制成了富含维生素和抗氧化成分的健康食品，不仅延长了保质期，还提升了产品的市场定位和附加值。此外，农产品在加工过程中还能被制成调味品、休闲食品、保健食品等多种形式，进一步丰富了产品种类，满足了不同消费者的多样化需求。

其次，品牌化运作增强了产品的市场竞争力。通过品牌建设，"新土特产"能够建立起鲜明的品牌形象，并通过品牌文化和故事的传播，增强消费者对品牌的认知度和忠诚度。例如，一些地方的特色茶叶在打造品牌时，通

过挖掘和宣传茶叶的生长环境、生产工艺及历史背景，形成了独特的品牌故事和文化认同。这种品牌化运作，不仅提升了产品的市场竞争力，还推动了地方品牌的整体提升，为区域经济发展作出了积极贡献。

2. 安全与健康：满足消费者对高品质食品的需求

在现代食品市场中，消费者对食品安全和健康的要求越来越高，"新土特产"在生产和加工过程中严格遵循无公害、绿色、有机等标准，确保产品的安全性和健康性，满足了现代消费者对高品质食品的需求。

首先，严格的生产标准确保了产品的安全性。"新土特产"在生产过程中，采用了无公害生产技术，如减少农药和化肥的使用，控制重金属和有害物质的残留，保障了土特产的天然纯净。例如，某些地方的特色茶叶在生产过程中，严格控制施肥、灌溉和采摘的标准，并在加工过程中杜绝任何有害添加剂的使用，从而生产出符合绿色和有机标准的高品质茶叶产品。这种严格的生产标准，不仅提升了产品的安全性，还增强了消费者对"新土特产"的信任感。

其次，健康价值是"新土特产"赢得市场的重要竞争力。"新土特产"不仅注重产品的安全性，还在生产过程中强调营养成分的保持和提升。例如，某些特色食品在加工过程中采用低温冷冻干燥技术，最大限度地保留了产品中的维生素、矿物质和其他营养成分，提升了产品的健康价值。此外，某些地方还通过发展富硒食品、有机食品等功能性土特产，将产品的健康功能提升到新的层次，满足了消费者对营养和保健的双重需求。这种健康价值的提升，使得"新土特产"在市场中具有更强的竞争力和吸引力。

3. 地方特色：承载文化内涵，提升市场辨识度

地方特色是"新土特产"能够在市场中脱颖而出的重要因素之一。通过对地方文化、传统工艺和历史背景的挖掘和传承，"新土特产"赋予了产品更深层次的文化内涵和市场辨识度，使其在消费者心中形成了独特的形象。

首先，独特的生产工艺和传统技艺是地方特色的重要体现。许多"新土特产"在生产过程中，仍然保留了传统的手工制作工艺和独特的配方。例如，某些地方的传统酿造酒类，采用祖辈流传下来的独特发酵工艺，经过多道手工工序的精心制作，使得产品具有独特的风味和香气。这种独特的传统技艺，不仅使产品在品质上具有不可替代的优势，还成为地方文化的重要符号。

其次，地方文化的融入提升了产品的文化价值。在"新土特产"的品牌

建设中，地方文化和历史往往成为品牌的核心元素。例如，某些地方的土特产通过包装设计、广告宣传等形式，将地方的风土人情、文化传说、民俗习惯等融入产品中，使消费者在购买产品的同时，感受到浓厚的文化氛围和情感共鸣。这种文化与产品的深度融合，使得"新土特产"不仅是物质商品，更是一种文化体验，从而增强了产品的市场吸引力和品牌忠诚度。

第二节 "新土特产"的主要特点

与传统土特产相比，"新土特产"在生产、经营和营销等方面都呈现出一些新的特点。这些特点反映了现代农业发展的趋势，也为"新土特产"的推广和发展提供了新的机遇。

一、产地限制的突破

产地限制的突破与农产品产业链发展的新机遇。传统农业生产中，农产品的产地选择受到地理位置、气候条件、土壤类型等多种自然因素的制约。某些特定作物只能在特定区域种植，导致产地的限制成为影响农产品生产与市场拓展的重要瓶颈。然而，随着现代农业技术和物流运输条件的不断发展，产地限制的束缚正在逐渐被打破。生物育种技术、先进农业设施和物流条件的改善为农产品的跨区域发展带来了全新的机遇。以下将从生物育种技术的应用、先进农业设施的使用以及物流运输条件的改善三个方面，详细探讨这些技术和条件在突破产地限制中的作用及其对农产品产业链发展的重要意义。

1. 生物育种技术的应用：突破地域限制，实现跨区域种植

生物育种技术的发展为农产品的地域性限制带来了革命性的突破。通过基因改良、杂交育种、组织培养等现代生物技术，农业科学家能够培育出适应不同气候和土壤条件的新型作物品种，使得一些传统上受限于特定区域的作物得以在更广泛的地域范围内成功种植。

首先，基因改良技术提升了作物的环境适应性。基因改良技术能够将某些作物中耐旱、耐寒、抗盐碱等优良基因引入其他品种中，从而提升这些品种对不同环境的适应能力。例如，原本只能在热带地区种植的香蕉，通过基因改良技术将耐寒基因引入，成功实现了在亚热带甚至温带地区的种植。这种基因改良技术，不仅提升了作物的抗性和适应性，还大大扩展了农产品的种植地域，为各地农民提供了更多的生产选择。

其次，杂交育种技术提高了作物的产量和质量。通过将不同品种的作物进行杂交，农业科学家能够培育出兼具两者优点的新品种，如高产、优质、抗病虫害等特性。例如，通过杂交育种技术，一些水稻品种得以在盐碱地等传统农作区之外的区域成功种植，不仅提高了产量，还保障了作物的稳定性。这种技术的应用，不仅提升了作物的市场竞争力，也为非传统产区的农民带来了更高的经济效益。

最后，组织培养技术加速了新品种的推广。组织培养能够在短时间内快速繁育大量优质苗木，实现新品种的规模化生产和推广。例如，一些热带水果通过组织培养技术，在温带地区成功繁育出适应性强的新品种，为水果的跨区域种植和市场推广提供了技术支撑。这种技术突破了传统育种方式在时间和成本上的限制，加速了农业生产布局的调整和优化。

2. 先进农业设施的使用：优化生产环境，推动跨区种植

先进农业设施的发展，使得农产品的生产不再受限于自然环境的影响。温室大棚、人工气候室等设施能够在很大程度上调控作物生长所需的温度、湿度、光照等因素，为作物生长创造理想的环境，从而实现非传统产区的种植和规模化生产。

首先，温室大棚技术保障了作物在恶劣环境中的生长。温室大棚通过调节内部环境的温度和湿度，能够在寒冷或干旱的地区实现蔬菜、花卉、瓜果等作物的种植。例如，北方寒冷地区的农民通过建设温室大棚，在冬季种植南方常见的水果和蔬菜，大大提升了这些作物的市场供应能力。这种温室种植模式，打破了自然环境对农作物生长的限制，为非传统产区农产品的多样化种植提供了可行的方案。

其次，人工气候室实现了精准的环境控制和作物生产。人工气候室能够通过精细化控制温度、湿度、光照强度和二氧化碳浓度，为作物生长提供最优环境。例如，在人工气候室内，可以通过调节光照周期模拟热带环境，成功种植热带水果，如杧果、木瓜等。这种精准的环境控制手段，不仅提升了作物的生长速度和质量，还提高了产量和经济效益，推动了农产品的跨区种植和市场扩展。

最后，设施农业的发展推动了作物的规模化生产。例如，现代化的水培系统和无土栽培技术能够在贫瘠、污染严重的土地上进行作物生产，不仅节约了水资源和土地资源，还减少了对环境的污染。这种设施农业的发展，使得农产品生产在地域选择上更加灵活，为农业生产的布局调整和跨区域发展提供了强有力的支撑。

3. 物流运输条件的改善：提升流通效率，打破产地局限性

随着物流运输条件的不断改善，农产品的流通能力和保鲜技术得到了极大的提升，传统上受限于地域和保鲜问题的农产品得以在更广阔的市场中流通。这种物流条件的改善，为突破产地限制、实现农产品跨区域销售提供了有力保障。

首先，冷链物流体系的完善保障了农产品的保鲜质量。冷链物流能够在运输、储存、配送等环节保持农产品的低温环境，有效延长了产品的保鲜期。例如，一些热带水果和海产品在经过冷链运输后，能够从原产地迅速运往全国各地的市场，保持新鲜度和品质，满足消费者对高质量生鲜产品的需求。这种冷链物流体系的发展，使得农产品能够在更广泛的区域内销售，打破了产地与市场之间的距离限制。

其次，交通基础设施的建设提升了农产品的流通效率。随着高速公路、铁路和航空运输网络的不断完善，农产品的运输时间大幅缩短，流通效率显著提升。例如，通过高铁运输，南方地区的热带水果能够在数小时内到达北方市场，为消费者提供最新鲜的水果选择。这种交通基础设施的提升，不仅推动了农产品的跨区域流通，还提升了产地农产品的市场竞争力。

最后，信息化管理和大数据技术助力农产品物流智能化发展。通过引入大数据分析、信息化管理平台和物流追踪系统，企业能够实时监控农产品在运输途中的状态，并根据市场需求和销售情况调整物流策略。例如，农产品运输企业可以通过大数据分析预测市场需求，合理调度物流车辆和储存设备，避免产品积压和浪费。这种信息化技术的应用，使得农产品物流更加高效和智能化，为产地突破提供了技术支撑。

二、新型组织模式的应用

"新土特产"发展模式的多样化探索。 随着现代农业的不断发展，"新土特产"作为地方特色农产品与现代农业相结合的典型代表，展现出多样化的生产经营模式。这些模式不仅在提升农产品产量和质量方面取得了显著成效，还在提高农民收入、推动农业产业化和拓宽市场渠道等方面发挥了重要作用。以下将从合作社模式、龙头企业带动模式、电商平台应用和休闲农业融合发展四个方面，详细探讨"新土特产"在不同发展模式中的具体表现及其对农业产业升级的积极影响。

1. 合作社模式的兴起：整合资源，推动规模化与标准化生产

农民专业合作社作为一种新的农业生产组织形式，在"新土特产"产业发展中扮演着重要角色。通过整合农民的土地、资金和劳动力资源，合作社能够有效实现规模化生产和标准化管理，从而提升"新土特产"的生产效率和产品质量。

首先，合作社模式能够实现资源的高效整合。农民在合作社的组织下，将分散的小规模生产资源整合为集体经营资源，从而形成规模经济效应。例如，在某些地方的水果种植合作社中，农民将自己的土地集中管理，由合作社统一规划种植和管理方式。这种模式不仅提升了土地利用效率，还能够通过规模化种植降低生产成本，提高产品的市场竞争力。

其次，合作社为农民提供了全方位的服务支持。合作社不仅在生产过程中为农民提供技术指导，还通过信息服务和市场对接，帮助农民了解市场需求和价格变化。例如，合作社通过聘请农业专家定期开展培训，提升农民的生产技术水平；同时，通过搭建信息平台，合作社能够将最新的市场动态传递给农民，帮助他们做出更明智的生产决策。这种服务支持模式，有效提升了农民在"新土特产"生产中的专业化水平。

最后，合作社模式促进了"新土特产"的品牌化发展。通过标准化管理和集体化经营，合作社能够确保产品在质量和规格上的一致性，从而提升品牌形象。例如，某些茶叶种植合作社通过制定统一的生产和加工标准，将不同农户生产的茶叶进行集中加工、包装和销售，形成了地方特色品牌。这种品牌化经营模式，不仅提升了"新土特产"的市场知名度，还增加了产品的附加值。

2. 龙头企业带动模式：资金、技术与市场的强力支撑

龙头企业在"新土特产"产业中具有举足轻重的作用。凭借其雄厚的资金、先进的技术和广泛的市场网络，龙头企业能够有效带动农民参与"新土特产"的生产，通过订单农业和股份合作等方式，将分散的小农生产与现代农业经营模式有机结合，构建起利益共享的产业链条。

首先，龙头企业通过订单农业与农民建立稳定的利益联结机制。订单农业模式能够有效规避市场风险，使农民的生产与市场需求紧密对接。例如，龙头企业根据市场预测，向农民提前下达种植或养殖订单，确保农产品的销售渠道和价格稳定。这种订单模式，不仅保障了农民的收益，还为龙头企业提供了稳定的原料供应。

其次，股份合作模式提升了农民在产业链中的参与感和收益水平。龙头企业通过股份合作或"公司+合作社+农户"的模式，将农民纳入企业经营体系，使其成为利益共享的合作伙伴。例如，农民可以将土地、资金或劳动力入股企业，参与企业的生产和经营活动，当企业实现盈利时，农民能够按股权比例获得分红。这种利益共享机制，有效激发了农民参与"新土特产"产业的积极性，提升了产业发展的内生动力。

最后，龙头企业在推动农业科技应用和市场开拓方面具有独特优势。通过引进先进的种植、养殖和加工技术，龙头企业能够提升"新土特产"的生产效率和产品质量。同时，企业还可以通过建立自己的市场销售网络和品牌推广体系，将地方特色农产品推向更广泛的市场。例如，一些龙头企业利用自身的销售渠道，将地方特色农产品销往全国各地甚至国际市场，极大地提升了"新土特产"的市场影响力和经济效益。

3. 电商平台的广泛应用：打破地域限制，实现跨区域销售

电子商务的发展为"新土特产"产业提供了全新的市场渠道。通过电商平台，农民能够将地方特色产品直接销售给全国各地的消费者，从而打破传统农产品销售受地域限制的瓶颈，扩大产品的市场覆盖面。

首先，电商平台使"新土特产"实现了跨区域销售和品牌推广。借助电商平台，农民可以通过网络将"新土特产"销售至全国各地，减少了中间环节，提升了产品的利润空间。例如，一些地方的农民通过在淘宝、京东等平台上开设网店，将特色水果、干果、调味品等土特产销往全国乃至全球市场。这种跨区域销售模式，不仅扩大了"新土特产"的市场份额，还提升了品牌的市场知名度。

其次，电商平台的增值服务提升了农产品的市场竞争力。电商平台通常提供品牌推广、精准营销、大数据分析等服务，帮助农民更好地了解市场需求，优化产品策略。例如，通过电商平台的数据分析功能，农民能够准确把握消费者的偏好和购买行为，及时调整产品的包装和营销方式，提升产品的市场吸引力。

最后，直播带货等新兴电商形式为"新土特产"的推广注入了新的活力。近年来，直播带货成为推动农产品销售的重要方式。通过直播，农民可以与消费者进行直接互动，展示产品的生产过程和独特品质，增强消费者的信任度和购买欲望。例如，某些地方的农民通过抖音、快手等平台进行直播带货，将地方特产在短时间内销售一空，极大地提升了"新土特产"的销售量和品牌影响力。

4. 休闲农业的融合发展：提升产品附加值与市场吸引力

休闲农业的发展为"新土特产"的推广和销售提供了全新的模式。通过将农产品生产与休闲旅游、文化体验等结合，能够为消费者提供集观光、体验、采摘、购买于一体的综合服务，提升产品的附加值和市场吸引力。

首先，休闲农业能够为"新土特产"创造多元化的盈利模式。农民通过发展采摘园、农家乐、体验农场等休闲农业项目，将土特产生产与旅游观光结合在一起。例如，消费者可以前往果园亲自采摘水果，体验农耕生活，并在采摘结束后购买新鲜水果和地方特色加工产品。这种融合发展模式，不仅提升了土特产的市场价值，还为农民创造了更多的收入来源。

其次，休闲农业能够提升"新土特产"的品牌美誉度和消费者忠诚度。通过亲身体验生产过程，消费者能够更深入地了解土特产的生产环境、工艺流程和文化背景，从而增强对品牌的信任和认同。例如，某些茶叶种植园通过举办"茶文化体验日"活动，让消费者参与茶叶的采摘、制作和品茗过程，在感受茶文化的同时，加深了对品牌的理解和好感。

最后，休闲农业的发展能够促进农业与旅游业、文化产业的深度融合。农民通过将"新土特产"的生产活动与地方旅游、民俗文化相结合，打造出具有地方特色的农业文化旅游项目。例如，某些地方通过开发乡村旅游路线，将土特产生产基地打造成旅游景点，并结合地方民俗活动和文化表演，吸引大量游客。这种农业、文化和旅游的深度融合，不仅提升了土特产的品牌价值，还促进了地方经济的整体发展。

"新土特产"的发展模式呈现出多样化的特点。合作社模式的兴起为农民提供了更好的生产组织形式，龙头企业带动模式有效提升了产业的整体竞争力，电商平台的广泛应用为土特产拓展了市场渠道，而休闲农业的融合发展则为土特产创造了更多的增值空间。这些模式的综合应用，不仅推动了"新土特产"的快速发展，也为农民带来了更多的经济收益和发展机遇。未来，在政策支持、科技进步和市场需求的多重推动下，"新土特产"有望实现更高质量的发展。一方面，政府可以通过加大对休闲农业与农产品融合发展的扶持力度，如财政补贴、基础设施建设和品牌推广等，为农民和企业创造更有利的发展环境。另一方面，随着数字技术和智慧农业的广泛应用，休闲农业的服务内容和运营效率也将持续优化，使"新土特产"更精准地满足不同消费群体的个性化需求。此外，消费者对健康生活和文化体验的需求不断提升，也为"新土特产"注入了持续增长的市场动力。

总之，休闲农业作为连接农业与第三产业的桥梁，正在为"新土特产"注入新的活力。通过融合生产、旅游、文化等多元要素，不仅推动了土特产从单一农产品向综合性体验产品的转型，也为乡村振兴和农业现代化提供了坚实支撑。

三、品牌效应与营销手段

品牌效应与营销手段：推动"新土特产"市场化发展的核心策略。在当代市场经济中，品牌建设和营销策略成为企业竞争的关键手段之一。对于"新土特产"而言，品牌不仅是产品质量的象征，更是企业核心竞争力的重要体现。通过科学的品牌建设和多样化的营销策略，"新土特产"企业能够在竞争激烈的市场环境中脱颖而出，提升产品的市场影响力和消费者忠诚度。以下将从品牌建设、营销渠道拓展、体验式营销和社交媒体的运用等方面，详细探讨"新土特产"企业在品牌塑造和营销推广中的具体表现及其重要性。

1. 品牌建设的重视：提升知名度与市场认同

品牌建设是"新土特产"企业迈向市场化、规模化发展的基础。通过品牌塑造，企业能够在消费者心中建立起清晰、稳定的品牌形象，从而提升产品的知名度和美誉度。

首先，品牌形象塑造是企业提升市场竞争力的关键。在品牌建设过程中，企业通过设计具有地方特色的品牌标识、包装和宣传口号，将产品的文化内涵和地域特色融入品牌形象中。例如，一些地方的"新土特产"企业在产品包装上采用了地方民间艺术元素，如剪纸、刺绣图案等，使产品在视觉上更加具有吸引力，同时也突出了产品的文化价值和地方特色。这种品牌形象的塑造，能够让消费者在众多同类产品中一眼识别出品牌，从而提升品牌的市场认知度。

其次，广告宣传和品牌推广是扩大品牌影响力的重要手段。企业通过电视、广播、报纸、杂志等传统媒体，以及互联网、社交媒体等新兴平台进行广告投放，能够快速提升品牌的市场知名度和影响力。例如，一些地方政府联合"新土特产"企业，通过举办品牌推广周、特色农产品展销会等活动，将地方特色产品推向更广阔的市场。同时，企业还可以与知名设计公司和广告公司合作，为品牌制定全方位的推广策略，扩大品牌的市场影响力。

最后，地方政府在品牌建设中的推动作用不可忽视。政府通过制定区域品牌发展规划，设立品牌培育基金，支持"新土特产"企业开展品牌化经营。

例如，某些地方政府通过设立区域公用品牌，将区域内的土特产企业纳入统一品牌体系，从而提升品牌整体形象和市场竞争力。这种品牌集群效应，不仅有助于品牌的推广和市场开拓，还能够有效提升"新土特产"的整体市场价值。

2. 多元化营销渠道：拓展市场，提升销售

随着市场环境和消费习惯的变化，"新土特产"企业积极探索多元化的营销渠道，推动产品向更广泛的市场渗透。这种多渠道销售模式，不仅为企业提供了更多的市场机会，也提升了企业的抗风险能力和市场适应性。

首先，传统销售渠道仍然是"新土特产"销售的重要组成部分。通过批发市场、农贸市场、超市等传统渠道，企业能够将产品迅速投放至当地市场，并通过与大型商超建立长期合作关系，进一步拓展产品的销售网络。这种稳定的销售渠道，有助于企业快速进入市场，提升产品的销售量和市场占有率。

其次，电商平台的应用拓宽了"新土特产"的销售边界。借助电商平台，企业能够将产品销往全国甚至全球市场，突破地域限制，实现跨区域销售。例如，企业可以通过天猫、京东、拼多多等电商平台开设旗舰店，并利用直播带货、网红带货等新兴销售形式，迅速提升产品的销售额和市场知名度。此外，企业还可以通过电商平台的精准营销功能，分析消费者的购买习惯和偏好，制定个性化的营销策略，提升产品的市场竞争力。

最后，休闲农业与直销店模式为"新土特产"提供了新兴的销售渠道。一些"新土特产"企业通过发展休闲农业和乡村旅游，将农产品销售与休闲旅游结合在一起，形成农旅融合的销售模式。例如，企业可以在农场内开设直销店或体验店，让游客在游览乡村风光、体验农耕文化的同时，购买新鲜的土特产产品。这种直销模式，不仅能够增加产品的销售额，还能够增强消费者对品牌的认同感和忠诚度。

3. 体验式营销的兴起：增强消费者的情感联系

在消费升级的背景下，消费者对于产品的需求不再局限于物质层面，而是更加注重产品的文化内涵和情感体验。体验式营销通过为消费者提供深度体验和互动机会，能够增强消费者与品牌之间的情感联系，提升品牌的市场竞争力。

首先，体验式营销能够为消费者带来全新的购买体验。一些"新土特产"企业通过开设体验中心或举办体验活动，让消费者亲身参与到产品的生

产和加工过程中。例如，某些酿酒企业会邀请消费者亲自参与酿酒过程，并将他们制作的酒瓶贴上定制标签，作为纪念品带回家。这种亲身参与的体验，不仅增强了消费者对品牌的记忆度和情感认同，还能有效提升品牌的市场吸引力。

其次，体验式营销能够提升品牌的文化附加值。企业通过将地方文化与产品体验相结合，使消费者在参与活动的过程中，感受到地方文化的独特魅力。例如，一些茶叶生产企业通过举办"茶文化体验之旅"，让消费者体验茶叶采摘、手工炒制和品茶等活动，使消费者在享受美味的同时，感受到茶文化的博大精深。这种文化体验与产品营销的结合，不仅提升了产品的文化价值，还增强了品牌的市场竞争力。

4. 社交媒体的影响力：品牌传播的新兴平台

社交媒体的广泛应用为"新土特产"品牌的传播提供了新的机遇。通过社交媒体平台，企业能够以低成本、高效率的方式将品牌信息传递给广大的目标消费群体，提升品牌的市场影响力。

首先，社交媒体为"新土特产"提供了高效的品牌宣传平台。企业可以通过微博、微信、抖音、快手等社交媒体平台发布产品信息、品牌故事和文化内容，与消费者建立更加直接和紧密的联系。例如，企业可以通过短视频展示土特产的生产过程，或通过直播与消费者互动，增加品牌曝光度和消费者的参与度。这种以内容为核心的品牌宣传方式，不仅能够增强消费者的信任度，还能够提升品牌的市场美誉度。

其次，网红效应和口碑传播对"新土特产"的销售具有重要推动作用。通过与网红、博主的合作，企业可以借助他们的影响力将品牌信息传递给更广泛的消费群体。例如，某些地方的特色食品在网红博主的推荐下，迅速走红网络，吸引了大批消费者的关注和购买。这种借助网红效应的推广方式，能够在短时间内大幅提升品牌的知名度和销售额。此外，社交媒体上的用户评论和使用体验分享，也能够形成强大的口碑效应，进一步推动品牌的发展。

最后，社交媒体的数据分析功能有助于精准定位目标市场。企业可以利用社交媒体平台提供的数据分析工具，了解消费者的兴趣、偏好和购买行为，从而制定更加精准的市场推广策略。例如，通过分析消费者对某类产品的评价和反馈，企业能够及时发现产品中的不足之处，并进行针对性优化。这种基于数据的精准营销方式，能够有效提升品牌的市场适应性和竞争力。

品牌建设与营销策略是"新土特产"企业实现市场突破和持续发展的重要手段。通过重视品牌建设、拓展多元化营销渠道、发展体验式营销和充分利用社交媒体，企业能够在激烈的市场竞争中脱颖而出，提升产品的市场影响力和品牌美誉度。这些策略的综合运用，不仅推动了"新土特产"的市场化进程，也为地方经济的繁荣发展提供了有力支持。未来，随着科技的进步和市场需求的多样化，"新土特产"企业将在品牌塑造和营销推广方面不断探索，创造出更多具有市场竞争力的品牌产品。

第三节 "新土特产"的发展趋势

随着全球化进程的加快和消费者需求的变化，"新土特产"作为现代农业的重要组成部分，正面临着前所未有的发展机遇。

一、市场需求的多样化

市场需求的多样化：推动"新土特产"发展的动力。 在全球化和消费升级的背景下，现代消费者的需求呈现出多样化、细分化的趋势。"新土特产"作为地方特色农业的现代化发展形式，其市场需求受到了这些变化趋势的深刻影响。通过精准把握市场需求的变化，"新土特产"不仅能够提升自身的竞争力，还能够在消费结构不断变化的市场中找到新的增长点。以下将从健康与安全的关注、个性化与定制化消费以及体验式消费的兴起三个方面，探讨"新土特产"如何通过顺应市场需求多样化趋势实现自身的可持续发展。

1. 健康与安全的关注：提升产品品质，满足高标准需求

随着人们生活水平的提高，健康与安全成为消费者选择食品时的重要考量因素。消费者不再仅仅关注食品的味道和价格，而是更加重视产品的营养价值、安全性和对身体健康的影响。这种消费趋势的变化，为"新土特产"的发展带来了新的机遇和挑战。

首先，"新土特产"在生产过程中更加注重绿色和有机标准。现代消费者倾向于选择绿色、有机的农产品，这促使"新土特产"企业在生产过程中采用更加严格的标准。例如，企业在生产土特产时，会采用无农药、无化肥的有机种植方式，确保产品在生长过程中不受化学物质的污染。这样的绿色生产方式，不仅能够提升产品的安全性，还能够增强产品的健康属性，满足消费者对健康食品的需求。

其次，推广绿色生产和有机认证是提升品牌信誉的重要手段。通过获得有机食品认证、绿色食品标识等权威认证，"新土特产"企业能够在市场中树立起健康、安全的品牌形象。例如，某些地方的茶叶企业通过获得国家有机茶认证，不仅提升了产品在国内市场的竞争力，还成功进入了对食品安全要求极为严格的国际市场。这种以认证为基础的品牌建设策略，不仅能够赢得消费者的信任，还能够为企业开拓更广阔的市场提供坚实保障。

最后，健康理念的传播与推广是"新土特产"未来发展的方向之一。企业可以通过产品包装、品牌宣传和市场推广活动，向消费者传递健康、环保的消费理念。例如，企业可以在产品包装上标注产品的健康属性，如"绿色种植""富含营养元素"等，吸引注重健康的消费者群体。同时，企业还可以通过举办健康讲座、推出健康饮食指南等活动，向消费者传递科学的健康理念和产品价值，进一步提升品牌的市场认可度和影响力。

2. 个性化与定制化消费：精准匹配消费需求，提升市场竞争力

随着消费水平的提升和消费观念的转变，个性化和定制化消费逐渐成为市场主流趋势。消费者希望购买的产品能够体现个人品味和独特性，而不仅仅是标准化的商品。"新土特产"企业应积极响应这一趋势，通过精准定位消费群体和开发个性化产品，进一步拓宽市场空间。

首先，个性化产品线的开发能够满足不同消费群体的需求。根据消费者的口味偏好、营养需求和文化背景，"新土特产"企业可以开发不同种类、规格和包装的产品。例如，针对年轻群体，企业可以推出口味独特、包装时尚的土特产零食；针对中老年群体，企业可以推出富含营养成分、具有保健功能的食品。这种个性化的产品设计，不仅能够吸引更多目标消费群体，还能够增强消费者的品牌忠诚度和重复购买率。

其次，定制化服务是提升消费者体验的重要方式。企业可以通过市场调研、消费者反馈、在线调研等方式，深入了解消费者的个性化需求，并据此开发定制化产品。例如，一些"新土特产"企业推出了"私人订制"服务，消费者可以根据个人喜好选择产品的口味、包装设计和规格。这种定制化服务，能够满足消费者的个性化需求，同时为品牌赋予了更多的情感和文化价值，提升了品牌的市场附加值。

最后，文化定制是"新土特产"差异化竞争的重要手段。企业可以将地方文化与产品相结合，通过推出具有文化内涵的定制化产品，增强品牌的文化吸引力。例如，某些地方的土特产企业推出了以地方名胜古迹、历史文化人物为主题的产品包装和礼盒设计，吸引了对文化有着浓厚兴趣的消费者。这种将文化元素与产品定制相结合的策略，不仅能够提升产品的市场竞争力，还能够增强品牌的文化认同感和消费者的情感共鸣。

3. 体验式消费的兴起：增强品牌互动，提升消费者参与感

体验式消费已成为现代市场中的一大趋势，特别是在年轻消费者中，这一趋势尤为显著。消费者希望在购买产品的同时能够亲身参与到产品的生产、加工和消费过程中，获得独特的消费体验。因此，"新土特产"企业可以通过开发体验式营销活动，增强与消费者之间的互动，提升品牌的市场吸引力。

首先，开发体验项目能够增强消费者对品牌的认同感。企业可以通过开发农家乐、观光农场、采摘园等体验项目，让消费者亲身参与到土特产的生产和采摘过程中。例如，一些水果种植基地推出了"果园采摘游"项目，游客可以亲自采摘水果，并参与果汁、果酱等产品的制作。这种体验项目，不仅让消费者了解了土特产的生产过程，还增强了消费者对品牌的认同感和信任度。

其次，体验式营销能够提升产品的市场附加值和溢价能力。通过将体验项目与产品销售相结合，企业可以提升产品的文化附加值和市场溢价能力。例如，一些茶叶企业通过举办"茶文化体验之旅"，让消费者亲身参与茶叶采摘、炒茶、制茶和品茶过程，深入了解茶文化和制茶工艺。消费者在购买产品时，不仅购买了茶叶本身，还获得了与茶文化相关的体验和记忆，这种文化附加值能够显著提升产品的市场竞争力和溢价能力。

最后，体验式营销能够为品牌传播提供更广阔的空间。企业可以通过将体验项目与品牌传播相结合，让消费者在参与体验的过程中，自愿成为品牌的传播者。例如，企业可以鼓励消费者在社交媒体上分享体验过程和产品使用心得，形成口碑传播效应。通过消费者的口碑传播，品牌信息能够快速、广泛地传播至更广阔的市场，提升品牌的知名度和美誉度。这种基于体验的品牌传播方式，能够有效增强品牌的市场影响力和消费黏性。

市场需求的多样化为"新土特产"的发展提供了新的机遇和挑战。通过积极响应健康与安全的消费趋势、开发个性化与定制化产品以及推广体验式营销活动，"新土特产"企业能够在激烈的市场竞争中抓住机会，实现可持续发展。这些策略的有效应用，不仅能够提升产品的市场竞争力，还能够增强消费者对品牌的忠诚度和情感认同。未来，随着市场需求的不断变化，"新土特产"企业需要持续关注消费者需求的变化趋势，创新产品和营销策略，为品牌赋予更多的文化和情感价值，推动产业的进一步发展。

二、技术创新的推动

技术创新的推动："新土特产"产业发展的核心驱动。在全球农业现代化进程中，技术创新成为推动"新土特产"产业发展的重要力量。通过智能农业、生物技术和数字化转型等技术手段的应用，土特产产业能够实现从传统农业向现代农业的转型升级。技术创新不仅提升了生产效率和产品质量，还促进了产业的可持续发展。以下将从智能农业的发展、生物技术的应用以及数字化转型三个方面，探讨技术创新在推动"新土特产"产业发展中的核心作用及其广阔前景。

1. 智能农业的发展：提升生产效率与精准管理

随着物联网（IoT）、大数据、人工智能（AI）等技术的快速发展，智能农业逐渐成为现代农业的重要组成部分。智能农业通过将信息技术与农业生产深度融合，为"新土特产"产业的精细化管理和高效生产提供了技术保障。

首先，智能生产管理系统实现了农业生产的精细化管理。农民和企业通过物联网技术，可以实时监测土壤湿度、温度、光照强度、病虫害等作物生长环境的关键参数，并借助智能传感器和数据采集设备，及时了解作物的生长状况。这种智能化的生产管理系统，能够自动调节灌溉、施肥等农业活动，避免了资源浪费，提高了作物的生长效率和质量。例如，某些地方的茶叶种植基地引入了智能灌溉系统，可以根据土壤湿度和天气情况，自动调控灌溉时间和水量，从而有效提升茶叶产量和品质。

其次，人工智能与大数据技术的应用能够优化资源配置和决策支持。通过大数据平台对历史数据和实时数据的分析，智能农业系统能够为农民提供最佳的种植和管理决策。例如，根据多年的气候数据和土壤监测数据，系统能够预测某一地区未来的气候变化情况，从而指导农民选择更适合当地生长条件的作物品种。这种基于数据分析的决策支持，不仅降低了农业生产的风险，还提高了农作物的产量和经济效益。

最后，智能设备和无人技术的广泛应用提升了农业的机械化和自动化水平。无人机、自动化收割机、智能喷灌系统等先进设备的应用，能够有效减少人力投入，提高生产效率。例如，无人机可以用于监测大面积农田的病虫害情况，并根据监测结果进行精准施药，既降低了农药的使用量，又提高了施药的准确性。这种智能设备的应用，使"新土特产"的生产过程更加科学化、现代化，为产业的高质量发展提供了有力支持。

2. 生物技术的应用：增强产品竞争力与可持续性

生物技术的进步为"新土特产"的发展提供了新的技术手段。通过基因编辑、细胞培养等生物技术手段，农民和企业能够培育出更具市场竞争力和生态适应性的作物品种，从而提升产品的质量和市场竞争力。

首先，基因编辑技术能够培育出更高产、抗病和适应性强的新品种。基因编辑技术可以在分子水平上对作物的基因组进行精确修改，从而实现特定性状的定向培育。例如，通过基因编辑技术，科学家可以培育出耐旱、抗病虫害的作物品种，这些新品种在抗逆性和产量上都优于传统品种，为农民带来了更高的经济效益。例如，某些地区的葡萄种植基地引入了抗病性强的葡萄品种，大幅降低了农药使用量和生产成本，提升了葡萄的市场竞争力和生态友好性。

其次，细胞培养技术的应用能够提升产品的品质和营养价值。细胞培养技术可以在实验室环境中模拟自然生长条件，培育出具有优良品质的作物。例如，通过细胞培养技术，可以培育出营养成分更加丰富、口感更佳的水果或蔬菜，这种技术在果蔬、药材等高附加值产品的生产中具有广阔的应用前景。此外，细胞培养技术还可以用于保护珍稀植物资源，通过无性繁殖实现珍贵作物的扩繁，从而在不破坏自然环境的前提下，提升土特产的生态价值和文化价值。

最后，生物技术在提升作物可持续性方面具有重要作用。通过生物技术，农民和企业能够推广生态农业、保护环境、减少对化学肥料和农药的依赖。例如，通过生物防治技术，可以利用天敌昆虫或微生物来控制病虫害，减少农药的使用，保护生态环境。这种可持续的农业生产方式，能够为"新土特产"赋予更多的生态价值和社会责任感，提升其市场影响力和品牌价值。

3. 数字化转型：实现生产管理与市场营销的全面升级

数字化转型是现代农业发展的重要趋势，通过数字化管理和营销手段的应用，"新土特产"企业能够有效提升生产管理效率和市场竞争力。

首先，数字化管理平台的建立能够实现全产业链的数字化管理。企业通过建立涵盖种植、加工、仓储、物流和销售等环节的数字化管理平台，可以实现对全产业链的实时监控和管理。例如，通过智能管理系统，企业可以实时追踪土特产的生产进度、库存状况和物流信息，快速做出生产和销售决策。这种全方位的数字化管理，能够有效提升企业的运营效率，减少成本浪费，同时提升产业链的透明度和安全性。

其次,数字化营销手段帮助企业更好地理解消费者需求。通过数据分析工具,企业能够准确捕捉市场趋势、消费者偏好和竞争对手的动向,从而制定精准的市场营销策略。例如,企业可以通过分析电商平台上的销售数据和用户评价,了解消费者对产品的喜好和改进意见,并据此调整产品的口味、包装和价格策略。这种数据驱动的营销方式,能够帮助企业快速响应市场变化,提升品牌的市场适应能力和竞争力。

最后,数字化营销平台的应用能够有效扩大品牌传播与市场覆盖面。企业可以利用社交媒体、电子商务平台、直播带货等数字化营销渠道,实现产品和品牌的全方位推广。例如,通过直播带货和社交媒体的内容营销,企业可以向全国乃至全球消费者展示产品的生产过程、特色和文化故事,增强消费者的购买兴趣和品牌忠诚度。同时,数字化营销手段还能够实现品牌传播的精准投放,将品牌信息推送给潜在的目标消费群体,提高品牌的市场转化率和销售额。

技术创新在"新土特产"产业的发展中起到了至关重要的作用。通过智能农业、生物技术和数字化转型等技术手段的应用,土特产产业能够有效提升生产效率、优化产品质量、扩大市场影响力,实现从传统农业向现代农业的转型升级。未来,随着技术的不断发展,"新土特产"产业将迎来更加广阔的发展前景。企业和农民应持续关注技术创新的最新动态,积极引进和应用先进技术,不断提升产品的市场竞争力和品牌价值,为推动土特产产业的高质量发展和可持续发展贡献更多的智慧和力量。

三、政策支持的加强

政策支持的加强:推动"新土特产"高质量发展的重要保障。随着国家对农业和农村经济的重视程度不断提高,各级政府积极出台了一系列政策,旨在支持"新土特产"产业的发展。这些政策不仅为"新土特产"提供了坚实的保障,也为产业的转型升级和可持续发展创造了有利的条件。通过财政补贴、标准化建设和乡村振兴战略的实施,政府正在推动"新土特产"向更加规范化、品牌化和规模化方向发展。以下将详细探讨政策支持在"新土特产"发展中的具体作用及其未来趋势。

1. 政府扶持政策的出台:为产业发展提供全方位支持

政府通过一系列扶持政策,为"新土特产"发展提供了全方位的支持。

这些政策涵盖了资金、税收、技术和市场推广等多个方面，推动了产业的全面提升。

首先，财政补贴政策大幅降低了"新土特产"产业的经营成本。各级政府设立专项扶持资金，用于支持"新土特产"的生产、加工和销售。例如，农民和企业可以申请设备购置补贴、技术研发补贴和销售渠道拓展补贴等，从而减少初期投资压力，提升生产效能。同时，政府还为符合条件的"新土特产"项目提供低息贷款、风险补偿等金融服务，缓解了资金周转的难题，提升了企业的融资能力和抗风险能力。

其次，税收优惠政策进一步提升了"新土特产"企业的市场竞争力。政府通过减免增值税、所得税、城镇土地使用税等方式，直接降低了企业的税负。例如，对于处于发展初期的中小型土特产企业，政府可以实施税收减免政策，帮助企业度过市场开拓期，提高其市场生存能力。此外，针对研发投入较高的企业，政府还可以实施研发费用加计扣除政策，鼓励企业加大科技投入，提升产品的科技含量和市场竞争力。

最后，技术培训与推广政策为"新土特产"产业提供了智力支持。各级政府通过农业技术推广站、职业培训中心等机构，为农民和企业提供技术培训与支持。例如，政府组织专家团队深入田间地头，为农民讲授先进的种植、养殖技术，帮助他们提升生产效率和产品质量。此外，政府还鼓励企业与科研院所合作，推广新品种、新技术，提升"新土特产"产业的科技水平和市场附加值。

2. 标准化建设的推进：提升产品质量与市场信任度

随着"新土特产"市场的不断扩大，建立完善的标准化体系已成为提升产品质量和市场信任度的关键。政府在标准化建设方面，积极推动生产标准、质量标准和认证体系的建立，提升"新土特产"的市场竞争力和消费者信任度。

首先，生产标准的制定能够规范"新土特产"的生产过程。政府通过制定统一的种植、养殖标准，确保"新土特产"的生产过程符合科学化和规范化的要求。例如，对于有机种植的土特产产品，政府规定了严格的生产操作规程，明确了从选种、施肥到采收的每一个环节的具体要求。这种标准化的生产方式，有助于保障产品的安全性和一致性，增强了消费者的购买信心。

其次，质量标准的实施能够有效提升"新土特产"的整体质量。各地政府通过建立严格的质量检测与管理体系，对土特产产品的理化指标、营养成分和卫生标准进行全面监控。例如，政府可以设立专业的土特产检测中心，定期对市场上的土特产产品进行抽检，确保其符合国家和行业的质量标准。这种质量标准的建立，不仅提升了"新土特产"的整体质量水平，还有效规范了市场秩序，打击了假冒伪劣产品，维护了消费者的权益。

最后，认证体系的推广能够增强"新土特产"的市场竞争力。政府通过推广地理标志认证、有机产品认证、绿色食品认证等多种认证体系，为"新土特产"赋予了更高的市场价值和文化内涵。例如，某些地方的土特产产品通过了地理标志认证，不仅获得了市场的高度认可，还因其独特的地域特色，成为地方品牌的代表。这种认证体系的推广，有助于提升"新土特产"的品牌知名度和市场竞争力，帮助其更好地开拓国内外市场。

3. 乡村振兴战略的实施：为"新土特产"发展提供长期政策保障

"新土特产"作为乡村振兴战略的重要组成部分，得到了政府政策的大力支持。通过发展特色农业，推动农村经济多元化和农民增收，政府正致力于实现乡村的全面振兴和可持续发展。

首先，发展特色农业推动了农村经济结构的优化和升级。政府通过支持"新土特产"的生产与推广，引导农民根据当地的资源优势，发展高附加值的特色农产品。例如，政府鼓励农民因地制宜发展林果业、药材种植业等特色农业项目，形成"一村一品""一乡一特"的产业格局。这种基于特色资源的农业发展，不仅提升了农村的整体经济效益，还推动了农业生产的转型升级。

其次，农村经济的多元化发展为农民带来了更多的增收机会。通过"新土特产"与休闲农业、乡村旅游等产业的深度融合，政府鼓励农民在土特产生产的基础上，拓展更多的增收渠道。例如，农民可以通过发展农家乐、采摘园等项目，吸引游客参与农业体验活动，增加农产品的附加值。此外，政府还通过发展农村电商和物流体系，帮助农民将土特产产品推向更广泛的市场，从而实现增收致富。

最后，乡村振兴战略的实施推动了农村社会的全面发展和振兴。政府通过改善农村基础设施、提升公共服务水平，为"新土特产"的发展提供了更好的环境支持。例如，政府通过修建农村公路、改造电网和通信网络，为土特产产品的生产、加工和运输提供了便利条件。同时，政府还通过提升农村教育和医疗水平，为农民提供更好的生活条件和发展环境。这种乡村社会的全面振兴,不仅为"新土特产"产业的发展创造了良好的环境,也为农民的幸福生活奠定了坚实的基础。

政策支持是"新土特产"产业发展的重要保障。通过政府扶持政策、标准化建设和乡村振兴战略的实施,"新土特产"产业正在迈向更加规范化和现代化的道路。未来,随着政策的不断完善和落实,"新土特产"将迎来更加广阔的发展前景,成为推动农村经济振兴和农业现代化的重要力量。在这一过程中,企业、农民和政府应加强协作,共同推动"新土特产"产业的高质量发展和可持续发展。

四、国际化的发展

国际化的发展:推动"新土特产"走向全球市场的战略路径。随着全球化的深入发展和国际市场对中国特色农产品需求的不断增加,"新土特产"产业的国际化进程逐步加快。越来越多的"新土特产"企业开始将目光投向海外市场,探索更广阔的发展空间。通过开拓出口市场、加强国际合作、推广文化价值,"新土特产"不仅可以提升自身的国际影响力和市场竞争力,还能够推动中国农产品在全球市场上的品牌形象建设和文化传播。以下将详细探讨"新土特产"国际化发展的具体策略及其重要性。

1. 出口市场的开拓:提升"新土特产"在国际市场的影响力

开拓出口市场是"新土特产"企业走向国际化的第一步。随着中国农产品质量和品牌形象的提升,国际市场对"新土特产"的需求日益增加,为企业提供了广阔的发展空间。为了更好地进入国际市场,企业需要制定清晰的出口战略,通过多种途径提升产品在海外市场的知名度和接受度。

首先,参与国际展会是开拓海外市场的重要途径之一。企业通过参加国际农业博览会、食品展览会等活动,可以直接与全球的采购商、零售商和终端消费者面对面交流,展示产品的独特性和竞争优势。例如,某些地方的特色农产品在参加国际知名展会后,迅速赢得了海外采购商的青睐,实现了出口量的显著增长。这种面对面的互动,不仅能够让"新土特产"获得更多的市场机会,还能帮助企业建立与国际客户的长期合作关系。

其次,建立海外销售渠道是提升市场覆盖面的重要手段。企业可以通过与海外经销商、代理商的合作,设立海外办事处或分公司,逐步建立稳定的销售网络。同时,企业还可以利用跨境电商平台,将"新土特产"直接销售给海外消费者。例如,某些企业通过亚马逊、阿里巴巴国际站等电商平台，快速提升了产品在国际市场的曝光度和销售量。这种多元化的渠道布局，有助于企业更好地应对海外市场的复杂性和多样性，提升市场渗透率。

最后，提升产品质量和认证水平是打入国际市场的关键。为了满足海外市场对农产品安全和质量的高标准要求，企业需要获得相关的国际认证，如有机食品认证、HACCP（危害分析和关键控制点）认证等。这种认证体系不仅能够提升产品的市场认可度，还能增强企业在国际市场上的竞争力。例如，某些地方的特色农产品在通过欧盟有机食品认证后，不仅成功进入了欧洲高端市场，还显著提升了产品的附加值和品牌美誉度。

2. 国际合作的加强：提升"新土特产"企业的技术与市场竞争力

通过与国际农业企业、科研机构的合作，"新土特产"企业能够引进先进的技术、管理经验和市场资源，从而提升自身的竞争力和创新能力。这种合作模式将推动"新土特产"在技术研发、产品创新和市场推广等方面实现突破，为国际化发展奠定坚实基础。

首先，技术交流能够推动"新土特产"企业的技术升级和创新。企业可以通过与国际农业科研机构、高校的合作，引进先进的种植技术、加工工艺和质量管理体系。例如，通过引进国际先进的智能农业技术和生物育种技术，"新土特产"企业能够提升产品的生产效率和科技含量，开发出更加优质、绿色和健康的特色农产品。这种技术合作不仅能够提升企业的技术水平，还能推动"新土特产"向高端化、科技化方向发展。

其次，经验分享与管理合作能够提升企业的管理效能和市场竞争力。企业可以通过与国际知名农业企业的管理合作，学习其生产管理、供应链管理、市场营销等方面的先进经验。例如，某些企业通过与国外企业的合作，引入了精细化管理模式和全程质量追溯体系，大幅提升了生产和管理的效率，显著增强了产品的市场竞争力。

最后，市场合作能够帮助"新土特产"企业更好地融入国际市场。企业可以通过与国际企业在品牌联合、产品推广、市场开拓等方面的合作，共享国际市场资源，提升品牌在海外市场的影响力。例如，某些企业与国际知名品牌合作，通过联合推出限量版产品、举办品牌推广活动等方式，将"新土特产"推向更广泛的国际市场。这种市场合作模式不仅能够提升企业的品牌知名度，还能为"新土特产"在全球市场的推广提供有力支持。

3. 文化传播的融合：增强"新土特产"产品的文化附加值与市场吸引力

"新土特产"不仅是具有经济价值的商品，更是地方文化的载体和象征。通过在国际市场中推广"新土特产"，企业能够将地方文化传播到世界各地，增强产品的文化附加值和市场吸引力。文化传播的成功，将为"新土特产"在国际市场上赢得更多的消费者青睐，提升产品的品牌影响力和市场竞争力。

首先，产品的文化定位与包装设计是文化传播的关键。企业在推广"新土特产"时，可以将地方的历史文化、风俗习惯、民间故事融入产品的包装设计和品牌故事中。例如，某些茶叶企业在推广产品时，通过将茶文化、茶道礼仪等元素融入品牌推广中，使产品成为中国传统文化的象征。这种文化定位和包装设计，不仅能够提升产品的市场吸引力，还能增强消费者的文化认同感。

其次，品牌故事与文化营销是提升产品文化内涵的重要手段。企业可以通过撰写品牌故事、拍摄纪录片、制作文化宣传片等形式，将"新土特产"背后的文化故事和历史传承展现给消费者。例如，某些地方的土特产企业通过拍摄产品的制作过程和文化故事，让海外消费者更深入地了解产品的历史背景和文化内涵，从而增强了产品的文化价值和品牌忠诚度。

最后，文化活动与跨国交流能够推动"新土特产"文化的全球传播。企业可以通过参与国际农业博览会、文化节、品鉴会等活动，向全球消费者展示"新土特产"的独特文化魅力。例如，某些地方的土特产企业通过在海外举办文化推广活动，向全球消费者展示产品的独特性和文化价值，成功提升了品牌在国际市场中的影响力和美誉度。这种文化活动与跨国交流，不仅能够推动"新土特产"在全球市场的推广，还能够促进中外文化的交流与融合，提升中国文化的全球影响力。

国际化发展是"新土特产"产业实现高质量发展的重要战略方向。通过出口市场的开拓、国际合作的加强以及文化传播的融合，"新土特产"企业能够有效提升产品的国际竞争力和市场影响力，推动中国农产品在全球市场上的品牌形象建设和文化传播。未来，随着"新土特产"企业在技术、市场和文化等方面的不断突破，国际化进程将进一步加快，为中国特色农业产业带来更多的机遇与挑战。在这一过程中，政府、企业与社会各界应通力合作，共同推动"新土特产"走向全球，为中国农业的现代化和全球化发展作出积极贡献。

第四章 "新土特产"的特点与发展趋势

"新土特产"的发展趋势反映了现代农业发展的新方向,包括市场需求的多样化、技术创新的推动、政策支持的加强和国际化的发展等。把握这些发展趋势,将为"新土特产"的推广和发展提供新的机遇。未来,企业应积极应对市场变化,利用科技创新和政策支持,推动"新土特产"的高质量发展,为实现农业现代化和乡村振兴目标贡献力量。

第五章 做好"土特产"文章的路径探讨

第一节 产业规模的科学规划

产业规模的科学规划：推动特色农业可持续发展的关键策略。在推动特色农业产业发展的过程中，科学的产业规模规划是实现资源高效利用、提升市场竞争力和促进可持续发展的重要策略。制定科学的产业规模规划需要对资源和市场进行全面评估，并据此制定产业布局和发展战略。通过合理配置生产要素、科学布局生产规模，可以有效降低生产成本，提高整体效益，确保特色农业产业的稳定和长远发展。以下将从资源评估、市场调研、产业规划和规模调整等方面进行详细探讨，为特色农业的高效发展提供理论依据和实践指南。

1. 资源评估

资源评估是产业规模科学规划的首要环节。全面了解和分析当地的自然资源、人力资源和基础设施条件，是制定科学发展策略的基础。

首先，对自然资源的分析至关重要。自然资源是特色农业发展的物质基础，包括土地资源、水源条件、气候环境等。土地资源的类型、土壤肥力、水源的可及性和气候条件的适宜性，直接影响到特色农业产品的种植和养殖方式。例如，在土壤肥沃、气候温和的地区，可以发展高附加值的果蔬种植；而在寒冷的高海拔地区，则可以发展适应性强的耐寒作物或畜牧业。同时，通过土壤质量检测、气候条件分析等方法，可以科学选定适宜种植的农作物品种，确保资源的最优利用和生产的高效性。

其次，人力资源的评估也是重要组成部分。农业生产依赖于当地劳动力的数量、素质和技能水平，因此评估当地人力资源的结构和能力，可以为特色产业的布局和发展提供依据。对于劳动密集型产业，如果园采摘、蔬菜种植等，企业应选择劳动力充足的地区；而对于技术密集型产业，如设施农业、精深加工等，则应选择有技术支持和高素质劳动力储备的地区。

最后，基础设施的完善程度直接影响着特色农业产业的生产、加工和流通效率。良好的交通、仓储、冷链物流等基础设施能够降低运输成本，减少产品损耗，提高市场供应效率。因此，在资源评估过程中，应重点分析当地交通网络的覆盖情况、物流配送的便捷程度以及冷链运输的保障能力，确保特色农业产品能够迅速、高效地进入市场，提升整体竞争力。

2. 市场调研

市场调研是制定科学产业规模规划的重要依据。通过市场调研，可以准确把握消费者的需求和市场的发展趋势，为产业定位和规模规划提供有效指导。

首先，了解消费者的需求是市场调研的核心环节。通过对目标市场的深入调研，分析消费者的购买习惯、偏好和对产品品质的要求，可以明确特色农业产品的目标群体。当前，随着人们健康意识的增强，市场对绿色、有机农产品的需求逐年上升。企业可以根据这一趋势，开发符合健康和安全标准的产品，以满足市场对高品质农产品的需求。

其次，分析市场的竞争态势。特色农业产品往往面临同类产品的竞争，因此，企业需要详细了解竞争对手的产品特点、市场策略和品牌定位。通过对竞争对手的优劣势分析，可以找准自身的市场定位，制定差异化发展策略，形成特色产品的独特竞争优势。

此外，对市场趋势的预测是市场调研的重要组成部分。市场需求的变化往往受到社会经济环境、政策导向和消费潮流等多种因素的影响。通过对历史数据的分析和市场趋势的预测，企业可以提前做好产品结构和生产规模的调整，确保特色农业产业能够快速响应市场变化，抢占市场先机。

3. 产业规划

在资源评估和市场调研的基础上，制定科学的产业规划是推动特色农业产业可持续发展的关键。

首先，应明确产业定位。特色农业的产业定位应结合当地的资源优势和市场需求，选择具有地方特色和市场竞争力的农产品品种。产业定位不仅决定了生产的方向和目标，还影响到产业发展的路径和策略。例如，一个地区可以定位为优质有机蔬菜的生产基地，而另一个地区则可以发展成为特色农产品加工中心或农产品集散地。这种基于资源禀赋和市场需求的差异化定位，可以避免同质化竞争，提升产业整体效益。

其次，制定清晰的发展目标是产业规划的重要步骤。根据资源条件、市场需求和产业定位，设定科学合理的短期和长期发展目标。这些目标应具体、可量化，并能够通过实施细则逐步实现。例如，短期目标可以是扩大某一特色产品的生产规模，提高市场占有率；而长期目标则可以是提升产品的品牌知名度，打入国内外高端市场。

最后，根据产业规划制定详细的实施方案。实施方案应包括生产计划、技术路线、市场推广策略等，并明确各项工作的时间节点和责任人。同时，实施方案应具有灵活性，能够根据资源和市场的变化进行动态调整，确保规划能够顺利执行。

4. 规模调整

在特色农业产业的发展过程中，合理的规模调整是提升生产效率和市场竞争力的有效手段。

首先，适度规模经营是确保产业高效发展的基础。在确定生产规模时，应根据市场需求和资源条件，合理规划种植或养殖面积，避免因过度扩张导致资源浪费和市场供过于求的问题。适度规模经营可以有效提高生产效率和产品质量，降低生产成本。

其次，特色农业产业的发展应具备灵活性，根据市场需求的变化和生产条件的变化，及时调整生产规模。通过对市场数据的实时监测，企业可以动态调整生产计划，保持产品供应的及时性和市场竞争力。例如，在市场需求旺盛时，可以适当扩大生产规模；而在需求疲软时，则应减少生产，防止库存积压和市场风险。

最后，鼓励农民通过合作社、家庭农场等形式实现集约化经营。集约化经营可以提高农业生产的规模效益，增强市场竞争力。通过集体化的生产模式，农民能够共享资源、降低生产成本，同时提升产品质量和市场影响力，形成强大的集群效应。

产业规模的科学规划是推动特色农业可持续发展的重要策略。通过全面的资源评估和市场调研，制定科学的产业规划和实施方案，可以优化资源配置、提升市场竞争力，实现产业的健康发展。未来，特色农业企业应进一步加强对资源和市场的分析，结合当地的实际情况，动态调整生产规模，推动特色农业的高质量发展。政府和科研机构应积极支持企业进行资源整合和技术创新，推动产业结构的优化升级，确保特色农业在市场竞争中立于不败之地，实现经济效益、社会效益和生态效益的多重共赢。

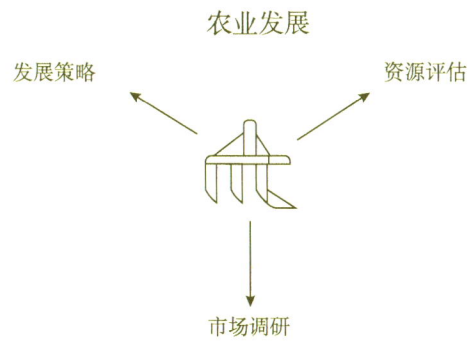

第二节 全产业链的多维度升级

全产业链的多维度升级：推动特色农业产业高质量发展的综合策略。在现代农业经营体系中，特色农业产业的发展需要围绕全产业链各环节进行系统性、多维度的升级。全产业链的系统升级不仅有助于提升产业整体竞争力，还能够实现资源的高效配置，推动农业的可持续发展。这一升级策略涵盖了从育种、生产、加工、包装到营销等多个环节，贯穿农业生产、加工、销售及市场推广的各个方面。以下将从搭建平台公司、引入职业经理人以及产业链的全方位升级等角度，详细探讨如何通过多维度的产业链升级，推动特色农业的高质量发展。

1. 搭建平台公司

在特色农业产业发展过程中，平台公司的建立能够起到整合资源、提升效率和促进产业融合的重要作用。平台公司通过集成优势资源，提升了产业链的协同效应，能够有效带动地方农业经济的发展。

首先，平台公司通过整合资源优势，为特色农业产业提供了强有力的支撑。通过将土地、资金、技术和市场渠道等资源进行有效配置，平台公司能够在产业链中发挥资源整合者的作用。例如，平台公司可以采取"公司+基地+农户"的模式，将分散的农业资源聚合起来，提升规模化效应，形成品牌优势和市场优势。这种模式能够有效克服传统农业中小农户分散经营、资源利用率低等弊端，为特色农业的规模化发展奠定基础。

其次，平台公司能够为产业链上的各个参与主体提供全方位的服务。这些服务包括技术培训、信息咨询、金融支持、营销推广等，为农民和中小企业提供了强大的后盾支持。例如，平台公司可以组织农业技术培训，帮助农民掌握最新的生产技术，提高生产效率和产品质量；同时，还可以通过与金融机构合作，为中小企业提供融资渠道，解决农业生产中的资金问题。这种全方位的服务不仅提高了产业链的整体效能，还增强了各参与主体的获得感，激励他们积极参与到产业发展中来。

此外，平台公司能够促进特色农业与其他产业的融合发展。通过与旅游、餐饮、电商等行业的深度合作，平台公司可以拓宽特色农产品的销售渠道，增加产品的附加值。例如，平台公司可以将农业生产与乡村旅游结合，发展农家乐、观光采摘等项目，吸引更多消费者深入农业生产基地，体验农业生产过程，增强消费者与产品的情感联系。这种跨产业的融合发展模式不仅提升了特色农业产品的市场竞争力，也带动了相关产业的发展，实现了产业链的协同发展。

2. 引入职业经理人

职业经理人的引入，是提升特色农业企业管理水平和市场竞争力的重要手段。通过引入具有丰富从业经验和专业知识的职业经理人，可以有效推动企业在管理、技术和市场拓展等方面的全面提升。

首先，职业经理人能够显著提升企业的管理水平。作为专业的管理人才，职业经理人通常具备先进的管理理念和方法，能够优化企业的组织架构、绩效考核、风险管控等管理流程，提高企业的运营效率。通过引入职业经理人，特色农业企业可以在管理上与现代企业接轨，建立科学的管理体系，从而增强企业在市场中的竞争力。

其次，职业经理人能够促进企业的技术创新。凭借对行业发展的敏锐洞察力和丰富的实践经验，职业经理人能够根据市场需求和技术发展趋势，制定有针对性的技术创新策略。例如，职业经理人可以引进先进技术、开发新产品、优化生产工艺流程，从而推动企业在技术层面的突破，提升产品质量和附加值。此外，职业经理人的创新意识和实践能力，有助于企业在激烈的市场竞争中保持技术领先地位，打造核心竞争优势。

同时，职业经理人的引入也为特色农业企业培养内部管理人才创造了机会。通过与职业经理人的交流与合作，企业内部员工可以学习先进的管理经验和工作方法，提升自身的管理技能和决策能力。职业经理人可以通过"传帮带"的方式，帮助企业内部员工成长，打造一支专业化、年轻化的管理团队，为企业的长远发展奠定坚实的基础。

3. 产业链的全方位升级

产业链的全方位升级是推动特色农业高质量发展的核心策略。这一升级涵盖了从育种、生产、加工、包装到营销的各个环节，能够有效提升产业链整体效能，实现农业的高效生产和优质供应。

在育种环节，应积极引进先进的育种技术，如分子标记辅助选择、基因组选择等，培育出适合当地种植的优良品种。通过育种技术的创新，可以大幅提升作物的产量和抗病性，提高特色农业的生产能力和产品质量。此外，科研机构应与企业合作，共同开发高附加值的新品种，增强特色农业的科技竞争力。

在生产环节，应大力推广精准农业技术和生态友好型的生产方式。通过应用物联网、大数据、人工智能等技术，实时监测作物生长情况，精准调控生产条件，可以有效提升资源利用率，降低生产成本，确保产品质量。同时，采用有机种植、绿色养殖等生态农业技术，能够减少化肥、农药的使用，保护生态环境，满足消费者对绿色食品的需求。

在加工环节，应引进先进的深加工技术和设备，开发多样化的特色产品。深加工技术不仅能够提高产品的附加值，还可以延长产品的保质期，提升产品在市场上的竞争力。例如，可以通过冷冻干燥、发酵处理等技术，开发果干、果酱、功能性食品等新产品，满足不同消费群体的需求。

在包装设计环节，应注重创新设计和文化内涵的结合。包装不仅是保护产品的手段，更是吸引消费者的重要元素。通过设计具有地方特色和文化内涵的包装，可以提升产品的文化附加值和市场吸引力。同时，包装材料的选择应符合环保要求，采用可降解、可循环利用的材料，体现企业的社会责任感。

在营销环节，应充分利用互联网和大数据技术，精准把握消费者需求，制定差异化的营销策略。企业可以通过电商平台、社交媒体等多种渠道，进行线上线下结合的全方位营销。此外，还应重视品牌建设，通过提升品牌形象和市场口碑，增强产品的溢价能力和市场影响力。

全产业链的多维度升级是推动特色农业产业高质量发展的重要策略。通过搭建平台公司整合资源优势、引入职业经理人提升管理水平和技术创新能力，以及围绕育种、生产、加工、包装和营销等环节的全方位升级，能够有效提升产业链整体效能，实现特色农业的可持续发展。未来，特色农业企业应继续深化产业链的整合与升级，推动产业链、供应链、创新链的深度融合，打造具有市场竞争力的特色农业产业体系，为农业现代化和乡村振兴战略的实施提供有力支撑。政府和科研机构应积极引导和支持产业链的全面升级，推动特色农业的高质量发展，实现经济效益、社会效益和生态效益的多重共赢。

第三节 健全利益联结机制

健全利益联结机制：推动特色农业产业可持续发展的关键策略。 在现代农业经营体系中，健全利益联结机制是确保农民能够公平分享特色农业产业增值收益的重要手段。这一机制不仅关系到农民的收入水平和生活质量，更直接影响到特色农业产业的可持续发展和整体效益。通过建立科学合理的利益分配模式，可以有效激励农民深度参与到产业链的各个环节，提高其参与积极性与生产效率，从而推动农业现代化进程和乡村振兴战略的实施。以下将从利益联结机制的必要性、主要形式及其实施策略等方面，深入探讨如何健全利益联结机制，提升特色农业的综合效益和社会价值。

1. 利益联结机制的必要性

利益联结机制是协调农民、企业和其他参与主体在产业链中关系的纽带，是确保各方在产业增值中实现共赢的关键。它的必要性体现在以下几个方面。

首先，健全的利益联结机制能够有效促进农民增收。特色农业产业的发展往往伴随着经济效益的提升，而健全的利益联结机制能够确保农民在这一过程中获得应有的收益分配。通过科学合理的分配模式，农民能够从产业增值中获得更多的经济回报，改善生活条件，提升家庭收入水平。例如，在农产品价格上涨的情况下，如果缺乏合理的利益联结机制，农民可能无法充分分享市场红利，而利益分配机制的健全能够保障农民在价格上升时也能相应受益。

其次，利益联结机制能够增强农民参与产业发展的积极性。只有当农民能够切实感受到产业发展的好处时，他们才会投入更多的时间、精力和资源到农业生产中来。合理的利益分配不仅能提高农民的积极性，还能推动他们在生产过程中采用先进技术，提高产品质量和生产效率，为特色农业产业的可持续发展提供动力。例如，当农民能够通过合同农业或股份合作获得长期稳定的收益时，他们会更加注重生产管理和技术创新，提升整体产业效益。

此外，健全的利益联结机制能够促进特色农业产业的稳定发展。通过建立长期稳定的利益关系，可以减少因利益分配不公而引发的矛盾和冲突，维护产业链各参与方的利益。利益关系的稳定有助于增强各方的信任与合作，提高产业链整体的运行效率和市场竞争力。例如，农民与企业签订长期合同，可以有效规避市场波动带来的风险，从而实现合作双方的互利共赢。

2. 利益联结机制的主要形式

为了保障农民在特色农业产业发展中的利益，各种形式的利益联结机制应运而生，这些机制在实际应用中发挥了不同的作用。

合同农业是最常见的利益联结形式之一。农民与企业之间通过签订合同，明确双方的权利与义务，约定产品质量、交货时间、价格等内容。企业为农民提供生产所需的种子、技术和市场信息，农民则根据企业的要求进行标准化生产。这种模式能够保障农民的销售渠道和收入，同时降低市场波动带来的风险。例如，某些果蔬生产基地通过与龙头企业签订合同，实现了稳定的生产和销售，农民的收益得到了有效保障。

股份合作模式能够增强农民的参与感和收益分配。农民通过入股合作社或农业企业，成为股东之一，可以根据企业的利润情况获得分红。这种模式不仅使农民在产业发展中拥有更大的话语权，还能增加他们的经济收益。例如，某些茶叶产区通过股份制合作社模式，将农民的土地或劳动力折合成股份，参与企业的经营和利润分配，确保了农民在产业增值中的利益。

利益分配机制是保障各方在产业链中公平分配收益的重要手段。可以根据各方在生产中的投入、风险承担和市场表现，制定相应的分配方案，确保各参与方能够获得合理的回报。例如，某些地方的农业合作社通过建立透明的利益分配制度，依据农民的生产投入和产出质量，按比例进行收益分配，避免了因分配不公而引发的内部矛盾。

合作社模式能够有效整合分散的农户资源，提升农民的组织化水平和市场竞争力。农民通过成立合作社，共同参与特色农业生产、加工和销售，能够提高规模化经营水平，降低生产和市场风险。同时，合作社可以作为农民与企业、政府之间的桥梁，帮助农民争取更大的利益。例如，某些地方的农民合作社通过集体谈判，成功提高了农产品的采购价格，增强了农民在市场中的议价能力。

3. 利益联结机制的实施策略

为了有效建立和完善利益联结机制，应采取多维度的实施策略，确保机制能够顺利运行并产生实际效果。

首先，加强政策引导是推动利益联结机制发展的关键。政府应出台相应的政策法规，鼓励和支持农民与企业之间建立稳定的利益关系。通过财政补贴、技术培训、市场推广等措施，促进合同农业、股份合作等模式的发展。例如，某些地方政府通过出台相关政策和实施方案，引导农民成立合作社，促进特色农业产业的规模化、专业化发展。

其次，应提升农民的组织化程度，增强农民在产业链中的话语权和利益保障。通过加强农民合作社和农业专业合作社的建设，提升农民的组织化水平，使其能够更好地参与到特色农业的产业链中。组织化的农民不仅能够共享资源和信息，还能够在与企业、政府的谈判中拥有更大的议价能力，确保自身利益不受损害。

同时，开展培训与宣传，提高农民对利益联结机制的认识。政府和企业应针对农民群体开展利益联结机制相关的培训，帮助他们理解合同农业、股份合作等模式的运行方式和优势，并掌握相关的法律法规和技术知识。通过培训与宣传，提升农民的参与积极性和主动性，为利益联结机制的实施奠定良好的基础。

此外，建立监督机制是确保利益联结机制公平透明的有效手段。通过设立第三方监督机构，定期对利益分配情况进行审查和监督，确保各方利益分配的公平性与透明度。例如，某些地区通过设立农民权益保护委员会，对农业合作社和企业的利益分配进行监督，维护农民的合法权益，增强各参与方的信任感。

健全的利益联结机制是确保农民能够共享特色农业产业增值收益的关键途径。通过合同农业、股份合作、合理的利益分配机制和合作社模式等多种形式，可以有效激励农民参与到特色农业产业中，提升其积极性和主动性。未来，政府、企业和农民应共同努力，加强政策引导和组织建设，建立公平、透明、稳定的利益联结机制，实现农民增收与特色农业可持续发展的双赢局面。同时，利益联结机制的完善将为乡村振兴战略的实施提供有力支撑，推动农村经济多元化发展，提升农村社会的整体福祉。

第四节 补齐冷链物流短板

补齐冷链物流短板：助力特色农业可持续发展的关键策略。在现代农业经营体系中，冷链物流作为保障农产品质量、延长保鲜期以及提升市场竞争力的关键环节，对特色农业产业的发展具有重要意义。尤其对于易腐性强的特色农产品，如新鲜水果、蔬菜、乳制品及部分水产品，冷链物流的完善与否，直接影响到其市场价值和销售半径。当前，我国特色农业在对接大市场时，由于冷链物流体系的不完善，常常面临产品损耗大、运输难度高、市场竞争力不足等问题。为此，全面补齐冷链物流短板，将成为推动特色农业产业迈向高质量发展的重要抓手。以下将从冷链物流的重要性、当前存在的短板及补齐短板的具体策略等方面，详细探讨这一问题。

1. 冷链物流的重要性

冷链物流在特色农业产业链中发挥着至关重要的作用，它不仅保障了农产品从生产到消费全程的质量安全，还提升了产品的市场竞争力，拓宽了销售渠道。

首先，冷链物流通过控制温度、湿度等环境因素，有效延长了农产品的保鲜期，降低了运输和存储过程中的损耗。例如，新鲜水果和蔬菜在常温下的保存期较短，极易在运输过程中因温度波动而腐烂变质，而冷链物流能够提供恒定的低温环境，确保这些易腐农产品在到达消费者手中时依然保持新鲜、营养和安全。这种全程温控管理，不仅提高了产品的品质，还能确保食品安全，满足现代消费者对健康食品的高要求。

其次，完善的冷链物流体系能够有效提升农产品的市场竞争力。通过降低损耗、保持产品质量，农民和企业可以在市场上获得更高的议价能力和更好的口碑。良好的冷链物流体系能够帮助特色农业产品从同质化竞争中脱颖而出，吸引更多消费者的关注和青睐，从而提升市场占有率和品牌影响力。

最后，冷链物流的完善还拓宽了特色农产品的销售渠道。由于冷链物流能够显著提升产品的运输半径，小农户可以将农产品运输至更为广阔的市场，如大型超市、餐饮企业及电商平台，打破地域限制，增加销售机会。例如，某些地方特色水果通过冷链物流成功销往北上广等一线城市，极大地提升了市场影响力和产品附加值。这种对接大市场的能力，为特色农业产品的跨区域销售奠定了坚实基础。

2. 当前冷链物流存在的短板

尽管冷链物流在特色农业中至关重要，但当前许多地区，特别是农村和偏远地区的冷链物流发展仍然存在显著短板，这制约了特色农业产业的进一步发展。

首先，基础设施不足是冷链物流发展面临的首要问题。许多农村地区的冷链基础设施建设相对滞后，冷库、冷藏车、冷链配送中心等设备配置不足。由于缺乏基础设施，农产品在采摘、运输、存储等环节难以保持恒温环境，导致产品品质下降，销售时效受限。这种局面使得农村生产的优质特色农产品难以进入大城市和高端市场，削弱了市场竞争力。

其次，技术水平低成为冷链物流发展中的另一大短板。许多小农户和农业企业缺乏冷链物流相关的专业知识和操作技能，无法有效利用现有的冷链设施。同时，农村地区的冷链从业人员缺乏专业培训，技术水平和操作规范普遍较低，导致冷链物流系统的运作效率低下。这种技术短板使得农产品在流通过程中仍然面临较高的损耗率和质量问题。

最后，冷链物流成本高也使得许多小农户难以负担。冷链物流的初期投资和日常运营成本相对较高，包括冷库建设、冷藏设备购置、能源消耗和维护费用等，对于小规模经营的农户来说，这些费用往往超过其承受能力。资金不足不仅限制了农民投资冷链物流的意愿，还影响了其对接大市场的能力，使得许多优质特色农产品只能在当地市场进行销售，市场覆盖范围有限。

3. 补齐冷链物流短板的策略

要解决上述冷链物流发展中的短板问题，需从基础设施建设、技术推广、市场机制优化等多方面入手，通过政府引导、企业参与和农民合作，构建多元化、集约化的冷链物流体系。

首先，政府支持与政策引导至关重要。政府应加大对冷链物流基础设施建设的投资力度，尤其是农村和偏远地区的冷链基础设施建设。通过提供财政补贴、税收优惠、贷款支持等政策，鼓励企业和农民合作社投资冷链设施建设，如冷库、冷藏车、冷链物流中心等。同时，政府应推动冷链物流标准化和规范化建设，制定和推广冷链物流技术标准，提高整体服务水平和效率。例如，某些地方政府通过建设区域性农产品冷链物流中心，实现资源共享和集约化管理，大幅提升了农产品的流通效率。

其次，建立合作社与联盟，整合小农户的资源，推动冷链物流的规模化发展。鼓励小农户通过成立合作社或加入农民联盟，共同投资建设冷链物流设施，实现资源共享和风险共担。合作社和联盟可以通过集体采购冷链设备、集体建设冷链仓储设施、集体运营冷链配送网络等方式，有效降低冷链物流成本，提升冷链物流的运行效率。这种合作模式不仅能够减轻个体农户的资金压力，还能增强特色农业产品在市场中的竞争力。

再次，引入专业物流公司，借助其技术和管理经验，提升冷链物流的运行质量与效率。小农户和农业企业可以与专业的冷链物流公司合作，借助其完善的冷链管理体系和技术支持，提高冷链物流的运营效率，降低产品在运输和存储过程中的损耗。例如，某些地区的小农户与知名冷链物流企业合作，通过合同外包方式，将冷链物流交由专业公司负责，实现了从农场到市场的全程冷链管理，有效提升了产品品质和销售渠道。

同时，应开展冷链物流技术培训，提升农户和农业企业的技术水平。政府和行业协会可以联合举办冷链物流技术培训班，帮助农户掌握冷链物流的基本知识和操作技能，提高其对冷链设施的利用效率和操作规范。通过定期培训和现场指导，提升农户和冷链从业人员的专业素养，为冷链物流的高效运营提供人才支持。

最后，还应借助信息技术手段，打造冷链物流信息平台。通过应用物联网、云计算、大数据等技术，实现冷链物流的全程监控与管理。例如，通过在运输车辆和冷库中安装温湿度传感器，实现对运输和存储过程中温度、湿度的实时监测与记录，确保农产品在流通环节中的质量和安全。这种信息化管理手段能够提升冷链物流的透明度和管理效率，有效增强消费者的信任感。

补齐冷链物流短板，是推动特色农业产业高质量发展、助力小农户对接大市场的重要举措。通过政府支持与政策引导、合作社与联盟的建设、专业物流公司的引入、技术培训与信息化管理等多种策略，可以有效提升冷链物流的运行效率和服务水平，帮助小农户拓宽市场渠道，实现增收目标。未来，特色农业的发展需要进一步加强冷链物流体系的建设，通过提升冷链物流的整体水平，为特色农业产品进入更广阔的市场创造有利条件，从而推动农业产业链、供应链的全面升级，实现农业经济的高质量、可持续发展。

第六章 "土特产"与"统一大市场"的内在协同关系

第一节 政策框架分析

中共中央关于进一步全面深化改革 推进中国式现代化的决定（节选）

（2024年7月18日中国共产党第二十届中央委员会第三次全体会议通过）

（6）构建全国统一大市场。推动市场基础制度规则统一、市场监管公平统一、市场设施高标准联通。加强公平竞争审查刚性约束，强化反垄断和反不正当竞争，清理和废除妨碍全国统一市场和公平竞争的各种规定和做法。规范地方招商引资法规制度，严禁违法违规给予政策优惠行为。建立健全统一规范、信息共享的招标投标和政府、事业单位、国有企业采购等公共资源交易平台体系，实现项目全流程公开管理。提升市场综合监管能力和水平。健全国家标准体系，深化地方标准管理制度改革。

中共中央 国务院关于加快建设全国统一大市场的意见（节选）

（2022年3月25日）

（十九）健全统一市场监管规则。加强市场监管行政立法工作，完善市场监管程序，加强市场监管标准化规范化建设，依法公开监管标准和规则，增强市场监管制度和政策的稳定性、可预期性。

第六章 "土特产"与"统一大市场"的内在协同关系

一、我国农业发展瓶颈及应对策略:破解小农经济与区域结构不平衡

我国农业长期以来面临着两个相对突出的发展瓶颈:一是小农经济导致的市场竞争力偏弱,二是农业区域结构发展不平衡。这两个问题直接影响了我国农业的整体效益和可持续发展,亟须通过创新体制机制、优化资源配置、强化科技支撑等手段予以破解。以下从农业发展现状、小农经济及区域结构不平衡的主要表现及其影响、政府及各方主体采取的应对措施等方面进行全面分析,并探索推动我国农业高质量发展的有效路径。

二、我国农业发展面临的两大弱项:小农经济与区域结构不平衡

作为农业大国,我国农业生产以家庭联产承包责任制为基础,小农经济一直是农业生产的主导形式。然而,小农经济在现代市场经济条件下,弊端日益显现:经营规模小、效益低、抗风险能力弱等问题导致小农户在市场竞争中处于弱势地位。同时,我国农业区域结构也存在显著不平衡,东部与西部、南方与北方、城市与农村的农业发展水平差异明显。这种不平衡结构制约了我国农业整体的协调发展和现代化进程,影响了农业生产力的提升和市场供需的有效对接。

三、小农经济:农业市场竞争力的瓶颈

小农经济是我国农业的基本经营形式,尽管其在历史上发挥了重要作用,但在现代农业经营体系中逐渐暴露出诸多问题。首先,小农户的经营规模普遍较小,平均耕地面积仅 10 亩左右,难以形成规模效益。这导致了生产成本居高不下,产品竞争力不足。其次,小农户的组织化程度较低,农民合作社的发展不均衡。这种分散经营模式使得小农户难以在市场竞争中形成合力,无法有效提升议价能力。

此外,小农户在技术应用和科技水平方面也相对落后。由于资金投入有限,难以引进先进的农业机械和技术设备,农业生产效率低下,科技进步贡献率显著低于发达国家水平。更为严重的是,小农户缺乏抗风险能力,一旦遭遇市场波动或自然灾害,往往陷入"丰产不丰收"的困境。因此,破解小农经济的困境,需要通过培育新型农业经营主体、发展农业社会化服务、推

进科技创新及完善农业保险等多种方式来提升其竞争力。

四、区域结构不平衡：农业协调发展的瓶颈

我国农业的区域发展不平衡问题主要表现为东西部、南北方、城乡之间的差距明显。东部地区农业现代化水平较高，市场化程度强，农业产业结构优化，而西部地区由于自然条件、基础设施及经济发展水平的制约，农业发展相对滞后，难以形成规模化和集约化的农业生产模式。南北方农业结构差异大，南方以水稻、茶叶、经济作物种植为主，北方则以小麦、玉米、马铃薯为主要农作物，生产布局单一，难以适应多样化的市场需求。同时，偏远农村地区的农业发展水平较城市周边地区相对滞后，资源配置效率低，导致农业生产力整体提升缓慢。

此外，区域性的特色农业产业难以实现规模效应，许多地方特色农产品"走不出去、卖不掉"，制约了特色产业的发展和农民收入的提升。要解决区域结构不平衡的问题，必须从优化农业区域布局、推动农业供给侧结构性改革、发展特色农业及推进农村一二三产业融合等多方面入手，提升区域农业的协调发展水平。

五、推动农业高质量发展的应对策略

面对小农经济和区域结构不平衡这两大瓶颈，我国政府及各方主体近年来采取了一系列有效措施，推动农业产业结构优化和区域协调发展。

第一，培育新型农业经营主体，提升农业组织化水平。大力发展家庭农场、农民合作社、农业龙头企业等新型农业经营主体，提高农业的规模化、集约化和组织化水平。通过创新利益联结机制，推进"小农户+合作社+龙头企业"模式，增强小农户在农业产业链中的地位和话语权。

第二，加快农业科技创新，提升农业生产力水平。大力发展现代农业技术，加强农业科技成果转化和推广，提高农业机械化、智能化水平。通过加强农业科技服务体系建设，为农民提供技术培训和服务，提升小农户科技应用能力。《"十四五"现代农业科技创新规划》提出，到2025年，农业科技进步贡献率要达到64%，为农业高质量发展提供有力支撑。

第三，优化农业区域布局，推动农业供给侧结构性改革。根据各地的资源禀赋和比较优势，优化农业生产结构和区域布局。通过发展特色农业，培育区域公用品牌，提升农产品的附加值和市场竞争力。例如，南方地区可以

大力发展水稻、茶叶及热带作物，西部地区则可结合地理特点发展中药材、优质水果及特色畜牧业。

第四，发展农村一二三产业融合，提高农业附加值。通过发展农产品加工业、乡村旅游、休闲农业等新业态，延长农业产业链，拓展价值链，形成农业与其他产业互补共赢的发展格局。推进农村电商和冷链物流体系建设，提升农产品流通效率，实现农业产品生产、加工、流通和消费的全产业链升级。

第五，健全农业支持保护制度，增强农业抗风险能力。完善农业补贴政策，建立多层次、广覆盖的农业保险体系，提高农业抗风险能力。加强农产品质量安全监管，确保农产品在生产、加工、流通等各环节的质量安全，为农产品在大市场中竞争提供保障。

第六，推进农业绿色发展，促进农业可持续发展。发展生态循环农业，推广节水农业、有机农业等绿色生产方式。通过建设绿色农产品生产基地，推动农业节能减排，提升农业的生态效益，促进农业的绿色转型和可持续发展。

第七，推进数字乡村建设，提升农业数字化水平。加快农业数字化转型，推动智慧农业发展。利用大数据、物联网、区块链等信息技术，建立农业生产、管理、营销一体化的数字管理平台，实现精准生产和智能化管理，提升农业经营效率。

破解小农经济和区域结构不平衡两大瓶颈，是推动我国农业高质量发展、实现农业现代化的必由之路。通过推进农业体制机制创新、深化农业供给侧结构性改革、发展农村一二三产业融合、健全农业支持保护制度和绿色发展体系，我国农业将实现从"量"到"质"的转变，全面提升农业生产力水平和市场竞争力。未来，要继续坚持以习近平新时代中国特色社会主义思想为指导，深入贯彻新发展理念，加快推进农业农村现代化，为全面建设社会主义现代化国家提供有力的农业支撑。

第二节　构建全国统一大市场探讨

随着我国市场经济体制改革的不断深化，全国统一大市场的建设逐渐成为推动经济高质量发展的重要目标。作为一项系统性、长期性和全局性的战略工程，全国统一大市场的建设既要充分发挥市场机制的作用，实现资源的高效配置，又要构建完善的制度体系，确保市场运行的规范有序。为了更好地理解全国统一大市场建设的内涵和本质，有必要厘清其中的两个核心理念——效率倾向与规范倾向。二者既相互依存，又存在内在的张力，其协调发展将对市场体系的完善和经济的整体提升产生深远影响。

全国统一大市场的效率倾向，核心在于通过市场融合和资源流动的自由化，提升资源配置效率，激发市场活力。效率倾向要求在更大范围内打破区域壁垒和行业限制，实现要素的跨区域、跨行业自由流动。在这一过程中，地方保护主义和市场分割成为亟待突破的瓶颈。消除这些障碍，有助于在全国范围内形成资源的最优配置格局，为各类市场主体提供更加广阔的发展空间。通过市场要素的自由流动，各地区能够更好地发挥各自的比较优势，发展特色产业，实现区域间的分工协作与协同发展。

例如，全国统一大市场可以推动东北地区集中发展粮食生产，形成国家重要的粮食供应基地；西部地区则可以充分利用自然资源和生态环境优势，发展生态农业和特色农牧产业；而东部沿海发达地区则可以依托资金和技术优势，提升农业现代化水平。这种基于资源禀赋和区域比较优势的分工布局，不仅能够实现区域间的优势互补，还能有效避免资源浪费，提升整体经济效益。与此同时，市场的融合和要素的集聚效应将显著提高规模经济效应，降低生产和流通成本，提升我国整体经济的竞争力。

在市场竞争的推动下，全国统一大市场的建设也将激发市场主体的创新动力。竞争压力促使企业不断改进技术、提升管理水平，从而推动技术创新和产业升级。这一过程与奥地利经济学家熊彼特的创新理论高度契合：竞争是创新的重要驱动力。通过技术创新和管理创新，市场主体能够进一步提升生产效率，优化产品结构，为市场注入源源不断的活力。在全国统一大市场的框架下，市场主体在更大范围内开展竞争合作，促进了各类创新要素的跨区域流动和产业集群的形成，从而推动我国经济在更高水平上实现创新驱动和可持续发展。

然而，全国统一大市场的建设并不仅仅是效率的提升，还需要以规范为前提。规范倾向旨在通过构建全国统一的市场规则和制度体系，确保资源流动的有序性和市场运行的可持续性。完善的市场规则和制度保障能够为市场主体创造更加公平、公正的竞争环境，降低市场交易风险，提升市场的整体运行效率。因此，全国统一大市场的建设需要着力于消除各地区、各行业在制度上的差异和壁垒，建立统一的市场准入、市场退出、监管执法等制度框架，确保市场主体能够在统一的制度环境中开展公平竞争。

例如，统一的市场准入制度可以有效降低市场主体的准入门槛，打破地方保护主义带来的行政壁垒，使企业能够按照同一规则进入不同地区的市场，减少制度性交易成本。全国统一大市场还应建立覆盖各类市场主体的信用评价和管理体系，实现信用信息的全国互认和互通，增强市场主体的守信意识和责任感。同时，建立全国统一的市场监管体系，能够有效遏制各类市场违法违规行为，维护市场秩序和消费者权益，为市场的健康发展提供有力保障。

在全国统一大市场的建设中，信息流通的规范化和标准化也是重中之重。信息的不对称和市场摩擦是影响资源流动效率的重要因素。通过构建全国统一的信息共享平台，可以实现市场信息的公开、透明和可追溯，降低信息不对称导致的市场风险，为市场主体提供更加准确的决策依据。无论是农产品的供求信息、价格波动，还是商品的质量检测、流通环节的监管数据，都可以通过信息平台进行实时共享和动态更新，从而提高市场的整体透明度和运行效率。

全国统一大市场的建设还需要构建全国统一的产品质量标准、技术标准和服务标准体系。标准的统一能够消除不同地区、不同产业间的标准壁垒，促进产品和服务的互认互通，为商品的跨区域流通创造更加便利的条件。以农产品为例，统一的农产品质量认证标准能够提升消费者对农产品质量的信任度，减少因标准不一致导致的市场摩擦，推动农产品在全国范围内的流通与销售。

在推进全国统一大市场建设的过程中，效率与规范这两种倾向并非对立，而是相辅相成的。效率提升为规范的执行创造了物质基础，而规范的健全则为效率的提升提供了制度保障。两者需要在不同发展阶段和不同区域条件下进行灵活平衡。例如，在经济发展水平较高的地区，可以优先强调市场机制的效率提升，推动要素流动和资源整合；而在经济发展相对滞后的地区，则需要更多地侧重于规范制度的完善，提供稳定的制度环境和政策支持。

在推进效率和规范协调发展的过程中，还应充分考虑国际市场的动态变化和国内外市场的相互作用。在全球化进程中，我国市场主体需要不断提升在全球市场中的竞争力，适应国际规则和标准。因此，全国统一大市场的建设不仅需要在国内市场实现高效规范，还要放眼全球，提升与国际市场接轨的能力，打造全球竞争力更强的市场体系。

总而言之，全国统一大市场的建设是一项复杂而系统的工程，需要在市场机制和制度规范之间找到平衡点,将效率与规范有机结合。只有在实现资源高效配置的同时,建立完善的制度保障和信息共享平台,才能真正构建高效规范、公平竞争、充分开放的全国统一大市场,为我国经济的长远发展提供有力支撑。在未来的建设过程中,既要充分发挥市场在资源配置中的决定性作用,又要更好地发挥政府的引导作用,通过深化改革和制度创新,不断提升市场效率与规范水平,为实现高质量发展提供坚实保障。

第七章 做好"土""特""产"的案例分析

第一节 "土"的案例：聚力小米产业发展打造敖汉土特产品牌

"土"讲的是基于一方水土，开发乡土资源。要善于分析新的市场环境、新的技术条件，用好新的营销手段，打开视野来用好当地资源，注重开发农业产业新功能、农村生态新价值，如发展生态旅游、民俗文化、休闲观光等。

（《加快建设农业强国 推进农业农村现代化》习近平《求是》2023年第6期）

敖汉小米：从传统农业到现代农业的典范

内蒙古赤峰市敖汉旗的小米产业发展是我国农业产业化和乡村振兴战略的一个典型案例。通过多年的精心培育和系统性发展，敖汉小米不仅从一种普通的农产品发展为具有深厚文化底蕴和广泛市场认可的区域公用品牌，还在农业与文化、旅游、科技等多领域实现了跨越式发展，为我国其他地区的特色农产品提供了宝贵经验。

敖汉小米的成功源于其悠久的历史文化和独特的地理优势。考古发现，敖汉地区的粟作农业历史可以追溯到8 000年前。敖汉旗兴隆沟遗址出土的碳化粟和黍籽粒是已知最早的粟黍遗存。这一发现不仅证实了敖汉地区悠久的农耕历史，也为敖汉小米的品牌塑造提供了深厚的文化基础。早在史前时期，敖汉小米就成为中国北方先民果腹充饥的重要食物，并通过草原丝绸之路向西方传播。这种悠久的历史传承赋予了敖汉小米独特的文化价值，成为其品牌建设的重要支撑。

敖汉旗得天独厚的地理环境也为小米的生长提供了优越条件。位于内蒙古高原南缘的敖汉旗，属于半干旱大陆性季风气候，年平均气温6.8℃，年降水量400毫米左右，土壤中富含铁、磷等矿物质，为谷物生长提供了优质环境。这种独特的地理环境造就了敖汉小米优良的品质和独特的口感，为其赢得了广泛的市场认可和消费者喜爱。

基于这些优势，敖汉旗政府和当地农民采取了一系列系统性措施推动小米产业发展，并将其定位为主导产业。敖汉小米先后获得"国家地理标志保护产品"和"国家地理标志证明商标"认证，这些认证不仅为敖汉小米的知识产权提供了保护，还大大提升了其市场知名度和认可度。与此同时，敖汉旗政府成立了小米产业协会，并出台了《敖汉旗推进小米产业发展工作方案》，建设了小米产业园区，推动了小米产业的规模化、集约化发展。目前，敖汉旗谷子种植面积稳定在100万亩，是中国最大优质谷子生产基地。

在产业链延伸方面，敖汉旗不仅注重小米的种植，还大力发展加工环节，提升小米产品的附加值。目前，敖汉旗拥有规模以上的小米生产加工企业34家，其中包括1家国家级龙头企业和4家自治区级龙头企业。这种全产业链的发展模式，大大增强了小米产业的市场竞争力和抗风险能力。同时，敖汉旗发展了3 400多户"敖汉小米"经销商，基本覆盖了全国二、三线城市，并积极拓展国际市场，产品远销日本、韩国等国家。

在文化传承与创新方面，敖汉旗建立了小米博物馆，展示小米的历史文化，并开发了小米油、小米锅巴、小米月饼、小米皂等创新产品，实现了传统与现代的结合，进一步提升了小米产业的文化附加值和市场吸引力。这种基于历史文化的品牌建设，使敖汉小米在激烈的市场竞争中脱颖而出，并逐步发展成为一个具有地方文化特色和国际竞争力的知名品牌。

然而，敖汉小米的成功也面临着如何保持传统特色与实现现代化生产的挑战。为了应对这一问题，敖汉旗正在通过入户收集和整理传统杂粮杂豆品种的种子，并筛选优质品种进行推广，从而挽救濒危品种，保护农业生物多样性，为产业发展提供新的可能性。敖汉旗农业遗产保护中心还采取了院地合作的方式，依托院校科研优势，建立了谷子育种基地，完善了谷子品种试验和种子繁育体系，从源头上为小米产业的可持续发展提供了保障。

在现代农业科技的引领下，敖汉小米还积极引入精准农业、智能农业和生物育种等技术，提高生产效率和产品质量。通过采用先进的物联网、大数据和人工智能技术，敖汉旗实现了小米种植的智能化管理，并大力发展生态农业，推广绿色、有机种植模式，提升了小米的市场附加值和品牌影响力。同时，敖汉旗还借助太空育种等现代育种技术，培育出了一批早熟、中晚熟品种，丰富了小米种质资源，进一步推动了小米产业的科技化进程。

为了应对日益激烈的市场竞争和多变的市场需求，敖汉旗还积极探索多元化的营销策略。通过发展"线上＋线下"相结合的营销模式，敖汉小米不仅进入了全国300多家大型连锁超市，还建立了覆盖全国的电商平台。此外，敖汉小米还借助直播带货、社交电商等新型营销方式，与头部主播合作，单场直播最高销售额达3 000万元。敖汉旗还积极布局国际市场，产品通过跨境电商平台远销多个国家和地区，为进一步扩大市场规模奠定了基础。

在品牌建设方面，敖汉小米不仅获得了"国家地理标志保护产品"的认证，还入选了央视"国家品牌计划"，成为中国农业品牌的代表。敖汉旗政府和企业通过多维度、立体化的品牌传播策略，成功塑造了敖汉小米"健康、品质、文化"的品牌形象，并通过公益营销、明星代言、KOL（关键意见领袖）合作等方式不断提升品牌影响力，为其市场拓展提供了有力支撑。

敖汉小米的成功不仅体现在其优质的产品和高效的产业链上，更体现在其对"农文旅"融合发展的探索与实践。敖汉旗将小米种植与文化旅游、观光农业、休闲娱乐等多种业态相结合，打造了一系列独具特色的景点和体验项目，如旱作农业主题公园、世界谷种研发基地和御延堂小米研学院等。这些项目不仅吸引了大量游客，也增强了敖汉小米的品牌认同感和文化吸引力。

通过农产品与旅游业的深度融合，敖汉旗不仅实现了小米产业的可持续发展，也推动了乡村旅游和乡村经济的快速发展。小米旅游的发展不仅提升了敖汉小米的品牌价值，还为当地农民提供了新的增收渠道，推动了乡村振兴战略的实施。

展望未来，敖汉小米的发展将面临更多机遇与挑战。如何在激烈的市场竞争中保持领先地位，如何在全球化背景下进一步提升品牌影响力，如何在生态保护与经济效益之间实现平衡，都是亟待解决的重要课题。未来，敖汉旗还需要在数字化、国际化、品牌建设等方面持续发力，通过科技创新、产业升级和营销策略的优化，进一步提升敖汉小米的市场竞争力，实现经济效益与生态效益的双赢。

总的来说，敖汉小米的发展是我国特色农产品产业化、品牌化、现代化的典型范例。它不仅推动了当地经济发展，也为我国其他地区的特色农产品提供了可借鉴的成功经验。敖汉小米的故事表明，传统农产品在现代市场中依然能够焕发新的生机与活力，只要能够深入挖掘其文化内涵，结合现代科技和市场需求,就能实现传统与现代的有机结合,为推动中国农业现代化和乡村振兴提供强有力的支撑。

第二节 "特"的案例:"川菜之魂"郫县豆瓣的品牌之路

"特"讲的是突出地域特点,体现当地风情。要跳出本地看本地,打造为广大消费者所认可、能形成竞争优势的特色,如因地制宜打造苹果村、木耳乡、黄花镇等。

(《加快建设农业强国 推进农业农村现代化》习近平《求是》2023年第6期)

郫县豆瓣:"川菜之魂"与地域特色的全球品牌之路

郫县豆瓣作为四川省成都市郫都区的独特地方特产,从一个传统农产品发展成为国内外知名的品牌,这一历程堪称中国特色农产品实现品牌化、产业化和国际化的典型案例。郫县豆瓣不仅是调味品,它更代表了川菜文化、地域特色与中国传统农业的精髓。通过品牌化发展、产业链延伸和全球市场开拓,郫县豆瓣成功跨越了传统农业产品的局限,成为中国农产品走向世界的重要名片。

郫县豆瓣的品牌化发展历程始于20世纪末期。最初,它只是郫县(今郫都区)当地一种地方性传统调味品。然而,随着郫县豆瓣品牌建设的不断深入,它逐渐从"养在深闺人未识"的地方特产发展成为市场认可度高、消费者认知度强的知名品牌。2000年,郫县豆瓣获得地理标志证明商标,标志着其品质和地域特色得到了官方认可。2005年,它进一步获得了"国家地理标志保护产品"的认证,这一荣誉提升了郫县豆瓣的市场知名度和美誉度,使其品牌价值不断上升。2008年,郫县豆瓣被列入"国家级非物质文化遗产名录",其背后的传统工艺与文化内涵得到了更广泛的认可和保护。这些荣誉不仅为郫县豆瓣的品牌化发展奠定了坚实基础,还成为其在国内外市场上崭露头角的重要支撑点。

郫县豆瓣能够从地方特产发展成为知名品牌,不仅得益于其严格的质量控制和标准化生产,更得益于当地政府的大力支持。政府通过政策扶持、品牌推广、财政补贴等措施,推动了郫县豆瓣产业的快速发展。郫县豆瓣的产

第七章 做好"土""特""产"的案例分析

业化发展历程显示出显著的成效：从最初的家庭作坊式生产，到如今形成规模化的产业集群，成为当地农业经济的重要支柱。目前，郫县豆瓣产业已发展出98家生产企业，形成了从原料种植到生产加工、市场营销的完整产业链。这一成功转型的背后，是政府、企业和农户多方力量共同推动的结果。

在产业发展过程中，郫县豆瓣始终坚持将传统工艺与现代科技相结合。一方面，郫县豆瓣严格传承了以"发酵、翻晒、调味"三大步骤为核心的传统制作工艺，确保产品风味的稳定性和独特性；另一方面，它引入现代化生产设备，采用信息化管理手段，不断提升生产效率和产品质量。郫县豆瓣生产企业在保持传统特色的同时，还积极引入现代生物技术，进行微生物发酵的科学管理和控制，确保每一批产品都达到最高标准。此外，郫县豆瓣产业还大力发展产业链延伸，建设了多家规模以上的加工企业，并在国内外市场成功开拓了稳定的销售渠道。通过发展豆瓣酱文化旅游，郫县豆瓣在推动经济增长的同时，还传递了中国传统文化的魅力。

在文化传承与品牌建设方面，郫县豆瓣也不断创新发展。它将产品与川菜文化相结合，在国内外推广川菜文化体验，形成了产品与文化双重输出的品牌建设模式。通过建设中国·川菜文化体验馆、举办郫县豆瓣文化节等活动，郫县豆瓣不断提升品牌的文化附加值，强化其"川菜之魂"的品牌形象。这种文化赋能策略不仅提升了郫县豆瓣的品牌价值，还为其开拓了新的市场空间，让更多的消费者在体验川菜文化的同时，进一步了解和喜爱郫县豆瓣。

郫县豆瓣的品牌战略还体现在其市场营销的创新上。近年来，郫县豆瓣通过多种营销手段扩大市场影响力，尤其是在电子商务和社交媒体上的营销推广成效显著。它不仅开设了天猫、京东等主流电商平台的官方旗舰店，还通过直播带货、社交电商等形式，迅速拉近了与年轻消费者的距离。与头部主播的合作进一步扩大了品牌知名度，单场直播销售额最高达3 000万元，创造了新的销售纪录。此外，郫县豆瓣还积极拓展国际市场，产品成功出口到美国、英国等80多个国家和地区。郫县豆瓣不仅将川菜文化传播到了世界各地，还成为中国文化软实力的重要载体。

郫县豆瓣的成功还源自其对"地域特点"的深度挖掘和应用。郫县豆瓣酱的独特风味离不开当地的自然环境和地理条件。郫都区地处中亚热带季风性湿润气候区，四季分明、温暖湿润，为郫县豆瓣的发酵提供了理想的气候条件。当地丰富的水资源和肥沃的土壤，使得郫县豆瓣酱所使用的原材料（如蚕豆、红辣椒等）都具有独特的风味和优质的品质。此外，郫都区独特的空气流动循环和恒定的水温，也为豆瓣酱的发酵过程创造了良好的条件。这些得天独厚的自然条件，使得郫县豆瓣在口感、色泽和香味上都具有独特的优势。

在品牌建设方面，郫县豆瓣也通过文化赋能提升了品牌价值。它不仅是四川饮食文化的重要符号，更是郫都区的文化象征。近年来，郫县豆瓣通过多种形式推动文化传承与创新：一方面，建立了郫县豆瓣文化博物馆，集中展示豆瓣酱的历史和制作技艺；另一方面，积极开发新产品线，如有机豆瓣酱、低盐豆瓣酱等，以适应现代消费者的健康需求。这种产品创新策略不仅丰富了产品线，还进一步巩固了其品牌竞争力。

展望未来，郫县豆瓣将继续朝着品牌国际化和市场多元化方向发展。随着"一带一路"倡议的深入推进，郫县豆瓣将进一步加大海外市场的开拓力度，制定更加系统的国际市场开拓策略，适应不同国家和地区的饮食文化和消费习惯。与此同时，郫县豆瓣还将通过科技创新和质量提升，进一步提高产品竞争力和品牌价值，为全球消费者提供更加优质、健康的调味品。

郫县豆瓣的成功故事告诉我们，通过挖掘地域特点、传承传统工艺、品牌化发展和国际市场开拓，传统农产品完全可以实现跨越式发展。它不仅为地方经济发展带来了新的增长点，还为中国特色农产品的现代化、品牌化和国际化发展提供了宝贵的经验和借鉴。未来，郫县豆瓣将继续坚持"以品质立品牌，以文化塑品牌，以创新促品牌"的发展理念，在全球调味品市场中占据更重要的位置，成为中国农产品品牌走向世界的又一张闪亮名片。

第三节 "产"的案例：做好酸枣"土特产"文章

"产"讲的是真正建成产业、形成集群。要延长农产品产业链，发展农产品加工、保鲜储藏、运输销售等，形成一定规模，把农产品增值收益留在农村、留给农民。产业梯度转移是个趋势，各地发展特色产业时要抓住这个机遇。

（《加快建设农业强国 推进农业农村现代化》习近平《求是》2023年第6期）

第七章 做好"土""特""产"的案例分析

邢台酸枣:"土特产"的现代化转型与品牌化之路

河北省邢台市,素有"酸枣之乡"的美誉。种植户田红玲通过发展酸枣产业,实现了从荒地到富庶田园的华丽转变,带领当地农民走上了增收致富的道路。这一成功案例不仅展现了地方土特产在新时期农业发展中的巨大潜力,也为我国农业现代化和农村经济转型提供了有益借鉴。

邢台酸枣的发展历程始于对荒山丘陵的综合治理。田红玲通过流转土地、修建基础设施、引入先进农业技术,使得原本贫瘠的荒地变成了可以带动整个区域经济的"摇钱树"。通过治理高低不平的坡地、修建水泥路、完善水利设施、建设冷库和加工车间,她将1 800多亩荒地转变为高产稳产的良田,年收益超过200万元,并为当地村民提供了100多个就业岗位,让不少农民实现了在家门口就业,人均年收入超过4万元。这一转变不仅解决了当地农村劳动力的就业问题,也显著提升了农民的生活水平。

邢台酸枣的成功源于产业链条的延长与优化。首先,田红玲立足于酸枣的特色资源,通过延伸产业链、开发高附加值产品,实现了从单一农产品到多元化农产品的升级。她引入了现代化加工设备,建设标准化深加工车间,开发了酸枣仁口服液、酸枣金粉、酸枣酒、酸枣汁等一系列深加工产品,不仅提升了产品附加值,还拓展了销售市场。同时,邢台市政府与河北农业大学、河北科技大学等高校合作,成立了酸枣研究中心,对酸枣品种改良及深加工技术进行系统研究。这种"政产学研用"结合的模式,加快了新产品的研发进程,提高了产品的科技含量。

邢台酸枣在品牌塑造方面也取得了显著成效。邢台市通过商标注册、产品形象设计、战略合作等措施,不断提升酸枣的市场影响力。引入区块链技术建立农产品追溯系统,让消费者可以通过扫描二维码了解酸枣从种植到加工的全过程信息。这一透明化的生产管理方式,不仅增加了产品的可信度,还进一步提升了品牌的美誉度。此外,邢台市每年举办"邢台酸枣文化节",通过文化展示、产品品鉴、学术交流等活动,强化了消费者对邢台酸枣的认知,促进了品牌传播。

为了实现产业的可持续发展,邢台市还积极推动产业联盟的成立与合作机制的建立。邢台酸枣行业推广协会通过业务交流、学术交流、技术咨询等活动,促进了产业内部的信息交流和技术传播。此外,协会还制定了行业自律公约,规范了会员企业的生产经营行为,提高了行业的诚信度和规范化水平。这种行业联盟的模式，不仅整合了产业上下游资源，还增强了邢台酸枣的整体竞争力，为其发展壮大提供了制度保障。

然而，邢台酸枣的成功并非没有挑战。如何在保持传统特色的同时实现现代化生产？如何在激烈的市场竞争中保持品牌优势？如何在产业规模扩大的同时确保可持续发展？这些问题仍然亟待解决。例如，在市场营销方面，邢台酸枣虽然已经实现了线上线下的多渠道融合，但在品牌国际化方面仍有较大提升空间。未来，邢台酸枣需要进一步加强国际市场的开拓，借鉴国际品牌的成功经验，提升品牌在全球市场中的影响力。要实现这一目标，邢台酸枣应在以下几个方面持续发力。

首先，要加强科技创新。进一步深化与科研机构的合作，通过产学研结合，引入现代生物技术和信息技术，提高酸枣的科技含量和生产效率。同时，要加大研发投入，开发适应国际市场需求的高端产品，满足不同消费群体的需求。

其次，要提升品牌的国际化水平。借鉴法国葡萄酒和日本清酒的品牌管理经验，建立严格的品牌监管和质量标准体系，确保产品在国际市场的稳定性与一致性。此外，可以通过参与国际农产品展会、建立海外推广中心等形式，逐步提升邢台酸枣在全球市场的知名度与认可度。

最后，要注重生态保护与可持续发展。在产业扩张过程中，邢台酸枣应始终坚持绿色发展的理念，采取有效措施保护生态环境，确保资源的可持续利用。这不仅关系到产业的长远发展，也与品牌的社会责任形象息息相关。通过发展有机种植、循环农业等模式，可以在提升产品品质的同时，实现生态效益与经济效益的双赢。

邢台酸枣的成功发展，充分展现了"土特产"在中国农业现代化中的重要作用。它不仅是地方经济发展的有力引擎，更是传统农业转型升级的成功典范。从资源整合、科技创新到品牌建设，邢台酸枣实现了从单一农产品到全产业链发展的华丽转身。这一发展模式为我国其他地区的特色农产品提供了宝贵的经验借鉴，具有重要的示范意义。

未来，随着科技的发展和市场的进一步扩大，邢台酸枣还将面临更多机遇与挑战。唯有通过不断创新、持续提升产品质量、拓展市场渠道，才能在全球化竞争中脱颖而出，成为具有国际竞争力的中国农产品品牌。同时，邢台酸枣的发展之路，也为我国乡村振兴和农业现代化战略的实施提供了有力支撑，为更多地方特色产业的发展探索了新的路径。